INNOVATION
国語授業イノベーションシリーズ

自ら動いて読みを深める

フリー交流

探索交流
問答交流
準備交流
助言交流
推理交流
相談交流

6つのバリエーション

三浦 剛
［著］

東洋館出版社

「フリー交流」による「全員参加」の国語授業

筑波大学附属小学校　桂　聖

「全員参加」の国語授業を実現するには、「挙手—指名」方式による話し合い活動だけでは困難です。2、3人の理解力が優れる子が発表をして、ほかの子は聞いているだけ。もしかしたら聞いていない子がいるかもしれません。そこで、多くの教師たちは「隣の人と話し合いましょう」と指示をして、「ペアトーク」を行ってきました。「ペアトーク」をすることで、「全員参加」の国語授業を実現しようとしてきたわけです。

しかし、「ペアトーク」にも問題があります。一番の問題は、話し相手が固定化すること。席替えをしない限り、いつも同じ子と話さなくてはいけません。「隣に座っている子」だけではなくて、「前後に座っている子」や「はす向かいに座っている子」と話すように、指示を工夫することが必要です。ただし、こうした指示も、話し相手の固定化に関する根本的な解決にはなりません。

そこで「フリーの話し合い活動」を行うこともあります。「自由に立ち歩いて、話し相手を選んで話し合いましょう」という指示をします。すると、話し相手が固定化しません。席を離れていいので、子どもは、自由な雰囲気で楽しく話し合い活動を進めることができます。

でも、「フリーの話し合い活動」にも問題があります。仲よしの子といつも話す。一人ぼっちになる子がいる。私語をする子が増える。クラスの雰囲気がかえって悪くなる。そのため、「フリーの話し合い活動」を用いる教師はあまり多くありませんでした。

三浦剛先生が本書で提案する「フリー交流」は、これまで行われてきた「ペアトーク」や「フリーの話し合い活動」を越える革新的な話し合い活動です。子ども自らが問題意識をもって、必要な相手を選んで話し合い活動を進めていきます。

三浦先生は、「フリー交流」に関して、「探索交流」「準備交流」「推理交流」「助言交流」「問答交流」「相談交流」の6つのバリエーションに整理しました。これらは曖昧な指示の話し合い活動ではありません。

例えば「探索交流」では、「『Ｗｈｉｃｈ型課題』（「どれ？」に関する学習課題）[*1]を設定した上で、「同じ考えを選んでいる子を見つけて、その考えを詳しく聞きましょう。相手の名前をノートに書きます。5分間です」のように、具体的で明確な指示をします。子どもは、目的意識をもって自席を離れて話し合い活動を進めます。

これまでにも「フリーの話し合い活動」がありましたが、「フリー交流」として「6つのバリエーション」に明確に整理したのは、三浦先生のオリジナルです。これまで禁止されていた「立ち歩き」が重要な学習活動に変わるのです。正に、画期的で革新的な提案だと言えるでしょう。

本書の特徴は、もう一つあります。「読みを深める」ための「フリー交流」として授業実践を提案しているところです。定番教材や新教材で「読みを深める」ための手立てが満載です。

三浦剛先生は、私のクラスでも飛び込み授業をしてくれました。子どもに寄り添って、常に授業改善をしている素晴らしい先生です。「フリー交流」も、「授業における子どもの事実」を整理する中で生まれた革新的で創造的な提案です。三浦先生は、教育史に残る実践者「故　斎藤喜博先生」にも学んでいます。本書の提案も「授業は芸術と同じように創造的な行為」だと考えた斎藤先生の授業改善にも通じると改めて思いました。

日本全国の教室で、本書の提案に基づく「フリー交流」が行われることで、楽しくて力がつく「全員参加」の国語授業が展開されていくと信じています。

※本書は「国語授業イノベーション」シリーズの第4号です。拙編著『「Ｗｈｉｃｈ型課題」の国語授業』（東洋館出版社）*1を原点（ゼロ号）として、一人一人の実践者・研究者が「日本の教育を変える」という精神をもって、国語授業の改革に挑みます。今後のシリーズ本も、どうぞご期待ください。

はじめに

国語の授業をはじめ、様々な教科で授業をする際、そのほとんどが一斉指導による授業形式をとっていることでしょう。教師が問いを投げかけ、子どもがそれに答える。多くの教室がそうした教師と子どものやりとりによって成立していることと思います。

もちろん、授業は、そのような教師と子どもの一対一のやりとりによってのみ、成立するものではありません。子どもと子どもが意見を交換したり、話し合ったりする交流の機会は、ほぼ確実に設定されていることでしょう。

しかし、その交流の機会は、子どもたちが活発に議論したり、考えを共有したりする場になっているでしょうか。たとえ、子どもたちの思考を刺激し、思わず考え込んでしまうような課題を提示できたとしても、子どもたち同士の交流が活性化しなければ、授業は尻すぼみ状態に陥ってしまいます。

つまり、充実した交流の場を用意できるかどうかが、子どもの学びを深められるか否かの鍵を握っているのです。

授業の中で交流を呼びかける際、「隣の人と話し合ってみましょう」「班のメンバーで話し合ってみましょう」という言葉がけをしがちです。こうした言葉がけ自体を否定するつもりはありませんし、時としてそのような交流場面を設定することも必要です。しかし、その言葉をどんな時でも同じように投げかけるということには、問題があると言わざるを得ません。また、子ども自身が必要性を感じていないところで「交流しましょう」と呼びかけても、価値ある意見交流は生まれません。結局のところ、交流の必然性を引き出しながら、話し合いの場を適宜最善な方法でデザインしていく必要があるのです。

従来の、形式的で形骸化しやすい交流が「固定的な交流」だとしたら、子どもの学びの文脈に沿うような交流は「流動的な交流」と言うことができるでしょう。

「固定的な交流」というは、どんな時でも隣の人とペアで話し合ったり、班のメンバーで話し合ったりするような不活性型の交流を指します。一方、「流動的な交流」というのは、状況に応じて適宜方法を選択し、デザインすることで、子どもの学びを促進させる活性型の交流を指しています。この「流動的な交流」は、「フリー交流」と言い換えることができます。

本書では、自分の座席を離れて自由に友達と意見交換をしたり、学びの妨げとなるような制限から解放された状態で話し合ったりする交流形式を「フリー交流」と名づけ、６つの方法を提案しています。本書で紹介している方法やアレンジの仕方を、ぜひ目の前の子どもたちの実態や反応に合わせてご活用頂けたら幸いです。

子どもの思考を活性化させ、どの子にとっても充実した学びを実現していくためには、対話を促す交流の場が必須です。

本書が、手に取って読んでくださった方々にとって、明日から実践したい！と思えるような内容となることを願っています。

三浦　剛

もくじ

自ら動いて読みを深める フリー交流 6つのバリエーション

● 刊行に寄せて ……… 001

● はじめに ……… 003

第1章 フリー交流で子どもの読みが変わる

1 学びに向かう姿勢が変わる6つの交流方法 ……… 010

2 交流の目的 ―なぜ交流する必要があるのか― ……… 014

3 交流の機能 ―交流にはどのような効果があるのか？― ……… 018

4 交流を支える3つの要素 ―いつ？ 何を？ どのように？― ……… 021

5 交流をアレンジする ―交流を工夫する6つの観点― ……… 026

6 「交流」の先にあるもの ―交流の発展性を大切にする― ……… 031

第2章 6つのバリエーション

探索交流

2年 おにごっこ（光村図書）036

5年 まんがの方法（教育出版）044

4年 ごんぎつね（教科書会社全社）040

準備交流

1年 どうぶつの赤ちゃん（光村図書）050

6年 海の命（光村図書・東京書籍）058

3年 まいごのかぎ（光村図書）054

推理交流

2年 お手紙（教科書会社全社）064

4年 世界にほこる和紙（光村図書）072

4年 一つの花（光村図書）068

5年 大造じいさんとガン（教科書会社全社）076

助言交流

2年 たんぽぽのちえ（光村図書）082

6年 帰り道（光村図書）090

3年 ありの行列（光村図書）086

問答交流
1年 じどう車くらべ（光村図書）……096
3年 モチモチの木（教科書会社全社）……100
5年 固有種が教えてくれること（光村図書）……104
5年 たずねびと（光村図書）……108

相談交流
1年 やくそく（光村図書）……114
4年 数え方を生みだそう（東京書籍）……118
6年 やまなし（光村図書）……122
6年 『鳥獣戯画』を読む（光村図書）……126

● おわりに……130
● 参考文献一覧……132

第1章

フリー交流で子どもの読みが変わる

自ら動いて読みを深める フリー交流

1 学びに向かう姿勢が変わる6つの交流方法

友達と考えを伝え合い、意見を共有していく交流の場は、ほとんどの授業で設定されているはずです。意見交流の場を設定するというのは、当たり前のように感じられる方も多いと思いますが、ここで再度、授業の中でどのような交流を行っているか振り返ってみましょう。

例えば、いつも同じタイミングで交流を設定している、交流をする際にはいつも班で行わせているという方も少なくないでしょう。あるいは、そのような「いつも同じ」交流をしてしまうことに問題意識を抱きながらも、どのように交流をデザインすればいいか悩んでいる方もいるのではないでしょうか。特に国語における交流では、**着地点が明確に設定されず、曖昧な交流を繰り返してしまいがちになるという教科特有の課題**もあります。

かつての私も同じでした。子どもの学びにプラスにならない形式的な交流を行ってしまい、授業の手応えを感じられずにいました。そこで、改めて交流することの意味から捉え直し、あるべき交流の姿を考えました。私が理想とする交流は、教師にやらされるようなものではなく、子どもが自ら進んで、能動的に取り組むものです。そのような交流を実現するには、どうすればよいかと模索していく中で、ある考えに至りました。

それが、活動にある程度の幅をもたせ、自由に交流できる余地をつくるということです。自分の席を離れて自由に交流したり、学びの妨げとなるような制限から解放された状態で話し合ったりすることで、子どもは主体的に取り組めるのです。私は、この従来の交流よりも自由度を上げた交流方法――**「フリー交流」**によって、今までの交流における課題をクリアできると実感しています。

もちろん、自由度を上げると言っても、授業のねらいに迫れるように交流の場を整えることが大前提です。また、自由であるがゆえに、どのように取り組んだらよいかが分からない子を生まないようにすることも必須です。そのため、「自由に立ち歩いて交流しましょう」と投げかけた時に、何のために行うのか、どのように行うのかを明確に示すことが必要です。

このような、子ども全員が自ら進んで交流したくなるフリー交流を以下に示す6つのバリエーションに整理しました。

探索交流　準備交流　推理交流　助言交流　問答交流　相談交流

それぞれの交流には、次のような特徴があります。

探索交流

目的とする考えをもった相手を見つけるために、色々な友達を尋ねて回るという交流方法です。**自分と同じ考えをもっている人は誰か**、**自分と異なる考えをもっている人は誰か**を探します。思考が拡散し、多様な解釈が生まれた時に用いるのが効果的です。

準備交流

同じ考えをもった仲間同士で集まり、全体交流に向けて、お互いに考えたことを伝え合い、共有するという交流方法です。授業で提示する学習課題によっては、AかBかなど、はっきりとした対立軸が生まれる場合があります。そんな時にこそ、この方法を用いて交流の場を活性化させることで、全体交流に臨む議論の土台を築くことができます。二項対立による議論の場や、それぞれの意見を戦わせたりする場を設定する際に用いるのが効果的です。

推理交流

相手がどのような考えをもち、どうしてそう考えたのかを推理して当てるという、ゲーム感覚で取り組むことのできる交流方法です。「なぜそう考えたのか？」という理由や、「どこからそう考えたのか？」という根拠を予想し、当てる活動を交流の中に組み入れることで、意見交換の中で、思考の活性を促すことができます。考えが同じでも理由や根拠が異なったり、理由や根拠が同じでも考えが異なったりする時に用いるのが効果的です。

助言交流

交流する相手と、**お互いにアドバイスを送り合う**ことで、よりよい考えを練り上げるという交流方法です。互いに助言を送り合い、高め合うというこの交流方法は、子ども同士の関係をつないでいく上でも大きな効果があります。書いて表現したり、動作化や音読劇などを通して表現したりする活動を行う際に用いるのが効果的です。

問答交流

相手に質問を投げかけ、どんな考えをもっているのか、どうしてそのように考えたのかを追究し、確かめるという交流方法です。質問する側にとっても、相手がどんな意見をもっているのかに関心をもち、考えたりすることができる方法ですが、質問される側にとっても、自分の考えを、より明確で確かなものにするのに有効な方法です。提示された学習課題に対する自分の考えをもつ際、曖昧になりがちな場面で用いるのが効果的です。

相談交流

何人かで集まり、思ったことや感じたこと、考えたことを自由に話し合う交流方法です。提示する学習課題によっては、一人で考えることが難しく、なかなか自分の考えを固めることができない場合もあるでしょう。そんな時には、自由に話し合い、交流するというこの方法を用いることで、自分の考えをもてるように促すことができます。

ここに示した6つの方法を活用し、授業のねらいに即して用いることで、確実に子どもの思考を活性化させ、深い学びを引き出すことができます。

第1章では、交流の目的や機能、交流を支える要素などについて述べています。第2章では、授業の具体像を挙げながら、6つの方法をどのように用いればよいかについて述べています。ぜひ一通り目を通して頂き、ご自身の実践に生かして頂けたら幸いです。

2 交流の目的 ―なぜ交流する必要があるのか―

授業内で交流の場面を設定するのは、どうしてでしょう。
私は、交流の目的を3つに分けて、以下のように捉えています。

① 授業のねらいを達成する
② 様々な考えにふれる中で、他者理解を促す
③ 学習する主体として成長する

(1) 授業のねらいを達成する

授業には必ず「ねらい」があり、教師は、その「ねらい」を達成できたかどうかを見取ることで授業の成否を判断することが求められます。授業の中で、教師が教えたいことや学び取らせたいことを、子どもの中に落とし込み、定着させられるようにするためには、どのように交流の場を設定するかが非常に重要です。

6年の文学教材「やまなし」を例に考えてみましょう。

「やまなし」は、作者である宮沢賢治がもつ独特な世界観から描き出された物語です。内容を理解したり、解釈したりするには、非常に難解な教材です。

五月と十二月の幻灯、それぞれが何を象徴しているのかについて考えるとしましょう。もちろん、教師からの問いかけをどうするかということも大きな問題ですが、周囲の友達と話し合い、交流を深めることで、それぞれの幻灯が象徴するものが何なのかについて、自分の考えを明確にもつことができます。

しかし、安易に教師と子どもとのやりとりだけで進行する全体交流に終始してしまうと、授業に参加できない子が出てしまうばかりでなく、思考の活性を促し、意欲的に学ぼうとする姿勢を引き出すことができなかったり、新たな発見を生む機会を十分に用意できなかったりしてしまいます。

子ども同士の交流を意図的に組み込み、必要に応じた話し合いの場を用意することで、「五月の幻灯と十二月の幻灯が象徴しているものが何かについて考える」という指導目標が、初めて達成されるはずです。

(2) 様々な考えにふれる中で、他者理解を促す

交流することのよさは、他者がもっている考えにふれて、自分にはない視点を得たり、新たな発見をしたりすることにあります。交流する中で、相手と自分の考えを比べて、新たな気づきを得ることは、

他者理解にもつながっていくはずです。自分がもった考えを大切にしながらも、相手のもった考えも尊重していく――。そうした関係性を築いていく中で、友達とのつながりや、居心地のよい集団をつくることができると考えています。

交流を活性化させることで、国語の力を身につけさせるだけでなく、子どもの社会性に関わる成長も促すことができるのです。

⑶ 学習する主体として成長する

交流を通して自分の考えを相手に伝えたり、自分の意見を他者に向けて発信したりすることで、「学習する主体」としての成長を促すことができます。つまり、交流の場を充実させ、自分の考えを表現する場を数多く経験させることで、自ら学ぼうとする姿勢を育むことができるのです。

今次の学習指導要領では、資質・能力の育成が重視され、中でも、「学びに向かう力、人間性等の涵養」が重要であるとの見方が示されました。この「学びに向かう力、人間性等の涵養」というのは、一朝一夕、すぐに実現できるものではありません。日々の学習指導の中で、子どもたちの中から引き出し、地道に伸ばしていくものです。

こうした「学習する主体」として、自ら学ぼうとする力は、教師―子どもの一方的な授業では、培うことがなかなか難しく、子ども同士の双方向の関わり合いの中で培われていくものであると考えています。だからこそ、交流を通して「学習する主体」として成長することを促していくことが大切です。

以上に示した３つの目的を図式化すると、以下のような図になります。

この図で示している「教科内容」というのは、「国語科として何を学ばせるか」ということを指し、「教育内容」というのは、「どのような子どもを育てるか」ということを指しています。

この教科内容と教育内容という、それぞれ異なる観点から交流の目的を紐解いてみると、「**①授業のねらいの達成**」は、どちらかと言えば、教科内容の習得という点に焦点が定まっています。一方、「**②他者理解の促進**」は、友達と話し合い、自分にはない視点を得たり、新たな発見をしたりする中で、国語科としての知識を身に付けていくという観点からすれば、教科内容として捉えられますし、相手の考えを受け入れ、尊重し、理解するためのものとして解釈すれば、教育内容という側面で捉えることができます。

そして、「**③学習する主体としての成長**」という観点は、学びに向かう力を引き出し、伸ばすことが焦点となっているので、教育内容と捉えることができるでしょう。

これを、「学年」という発達段階から捉えると、低学年では、授業のねらいを達成し、学習内容をしっかりと定着させる①に重きを置くべきでしょう。中学年では、①を踏まえた上で、②も意識して指導に当たることが重要です。そして高学年では、しっかりと自分の考えをもち、発信していけるように、③

を見据えて交流の場を設定することが重要です。

しかし、低学年では③を、高学年では①を意識しなくてもよいのかというと、決してそういう訳ではありません。1学期・2学期・3学期と、年間を通して子どもの〈育ち〉を意識していくことが重要です。これについては、交流の発展性で詳しく述べています。

いずれにせよ、教師が、3つの目的（①授業のねらいの達成／②他者理解の促進／③学習する主体としての成長）をしっかりと自分の中に据えて、交流の場をデザインしていくことが重要です。

3 交流の機能 ―交流にはどのような効果があるのか？―

交流は効果的に設定することができれば、国語の力を伸ばすだけでなく、子どもの学習への態度や社会性といった汎用的な力も伸ばすことができます。そのような、より効果的な交流の場をデザインするには、交流の効果について教師が理解しておく必要があります。

本書では、交流の機能を5つに整理しました。

① 確認する　② 共有する　③ 活性を促す　④ 修正する　⑤ 発見する

①確認する

交流することによって、誰が、どのような考えをもっているのかを把握する機能を指しています。相手が考えていることや、思っていることは、交流することによって確認することができます。相手の考えや思いを把握し、確認するためにも、交流の場を用意し、話し合う機会をセッティングすることが必要です。

また、自分自身の考えも、他者と交流することで初めて意識されるようになるということもあるでしょう。交流を通して、自分の考え、他者の考えの両方を確認することができるのです。

②共有する

それぞれがもっている考えを分け合い、共有化する機能を指しています。学習課題に対する考えをもった後、他者と意見交流をする中で、自分と相手がもった考えを共有財産としてシェアすることができます。また、考えを共有化することで、多様な考え方があることを知り、交流することの面白さを味わうこともできるはずです。

③活性を促す

思考の活性を促し、確かな考えをもてるようにする機能を指しています。授業の中で、なかなか自分の考えをもてずにいる児童がいた場合、また、どう考えたらよいかが分からず、授業が停滞気味になるという状況に陥ってしまった場合、周囲の友達と話し合い、ヒントを得られる交流の場を用意することで、思考の活性を促すことができます。

④修正する

課題に正対した考えがもてていなかったり、間違った捉え方をしてしまったりした時に、軌道修正する機能を指しています。課題に対する自分の考えをもつ際、自分の中では、間違っていないと感じていたとしても、他者の意見や考えに触れることで、その間違いに気づき、直すこともあります。また、間違っていることを自覚していたとしても、どのように修正すればよいかが分からない場合には、交流を通して相手からアドバイスをもらうことで、修正することができます。

⑤発見する

自分にはない考え方や視点を得ることで、自分の視野を広げる機能を指しています。交流の醍醐味は、なんと言っても、自分にはなかった見方や考え方、捉え方を発見できることにあります。他者と意見を交流し、様々なことを発見していく中で、自分の視野を大きく広げることができるのです。また、先にも述べた通り、自分にはない考えを友達の考えの中に見出していくことで、他者理解を促すこともできます。

こうした「①確認」「②共有」「③活性」「④修正」「⑤発見」の機能が、同時に働くこともありますが、このうちのどれか一つに焦点を絞って交流の場をデザインすることがポイントです。

何より、「交流」をすることによって、どのような効果をねらいたいのか。「交流」の場を、その後のどのような展開に結びつけようと思っているのか。それらを念頭に置きながら、交流の場を意図的に仕組んでいくことが大切です。

4 交流を支える3つの要素 ―いつ？ 何を？ どのように？―

交流の目的と機能を理解しただけでは、効果的な交流を行うことはできません。授業の中で交流するにしても、単元や1時間の授業展開を無視して交流させてしまっては、かえってマイナスの効果を生んでしまいます。目的もなく交流する機会を設定するのではなく、意図的・計画的に交流活動を仕組み、授業の中で実現していくことが必要です。

では、交流をどのように捉えて設定していけばよいのでしょうか。私は、交流を支える要素を3つに分けて捉えています。

1つ目は、**「いつ交流するか」というタイミングの問題**です。一単位時間の授業の中でも、どのタイミングで交流の場を設定すると、効果的な意見交換を実現することができるのか、交流機会を考えることは、非常に重要です。

2つ目は、**「何を交流するのか」という内容の問題**です。効果的なタイミングで交流の場を設けたとしても、何について交流するのかが明確になっていなければ、時間を浪費するだけで終わってしまいます。

3つ目は、**「どのように交流するか」という方法の問題**です。どのタイミングで、何について交流するかが明確になっていれば、考えを共有したり、話し合ったりすることはできますが、より効果的に交流できるようにするためには、どんな方法を用いるかを考えることが必要です。

以上に述べた3つのことについて、詳しく見ていきましょう。

(1)「交流機会」を設定する

交流をするタイミングは非常に重要です。それは、交流が「交流」としての意味をもつものになるかどうかに大きく関わってくるからです。

まず大切なことは、**子どもが交流の必要性を感じるタイミングを予測して設定する**ということです。教師側が「交流させよう！」と思ったとしても、その交流は、子どもにとって必要感を感じるものでなければ、意味がありません。というのも、学習の中で取り組む活動には、全てにおいて必然性をもたせるべきだからです。「書きたい！」と思う気持ちがあるからこそ書く――。「読みたい！」と思う感覚があるからこそ読む――。どのような活動であったとしても、必然性がなければ、教師側の思いは、単なる押しつけで終わってしまいます。

だからこそ、「考えを共有したい！」「友達の意見を聞いてみたい！」と思えるタイミングで交流できるように、話し合いの場を組み込んでいくことが必要なのです。

次に大切なことは、**「自分の考え」をもたせてから交流に臨む**ということです。自分の考えをもたずに交流の場に臨んだとしても、話し合いは他人事になり、曖昧ではっきりしない意見交換の場となってしまいます。だからこそ、自分がどう考えたのかを明確にしてから交流に臨めるようにすることが重要です。

ただ、自分の考えをもたせることを目的として交流を仕組む場合もあります。なかなか自分の考えをもてずにいたり、どう考えたらよいのかが分からず悪戦苦闘している様子が見られたりした時には、自分の考えをもたせるために、交流の機会を設定することも必要です。

また、交流するタイミングをどこに設定するのかを考えるに当たっては、1時間の中での授業展開をどのような流れにするのかということが直接関わってきます。

もちろん、例外もありますが、多くの場合、一単位時間の授業を、「個人思考→ペアやグループなど、複数人による集団思考→クラス全体における集団思考→個人思考」という展開で行うことが多いのではないでしょうか。

そうした一連の流れの中で、ペアやグループなど、複数人による集団思考の場が、意見を交流する場として、非常に重要です。クラス全体での交流場面では、なかなか自分の考えを言い出せなかったり、強い意見をもつ子に押されてしまったりすることがあります。もちろん、発言力を鍛え、最終的には、全体交流の場で自分の意見を堂々と言える子どもに育てていくことが大切ですが、最初から、全員が全体交流の場で意見を述べ合うことは難しいでしょう。だからこそ、小グループで意見交流をするタイミングを適宜挟み込み、そこで充実した交流活動を仕組んでいくことが求められるのです。

(2)「交流内容」を規定する

次に、何について交流するのかという、「交流内容」について考えていきましょう。

言わずもがな、交流は、何について話し合うのかが明確になっていなければ、話し合いが散漫になってしまうだけで、意味をもちません。だからこそ、交流内容を規定し明確に示すことは、非常に重要であると言えるでしょう。では、交流内容は、何によって規定されるのでしょうか。

交流内容を規定するものは、「**学習課題**」と捉えてよいでしょう。授業冒頭、導入の段階では、本時で扱う学習課題を提示するはずです。何について交流するかは、どのような課題を示すかではっきりしてきます。

そこで鍵を握るのは、**どのような課題を提示するのか**という問題です。子どもにとって、「考えたい！」「他の友達の意見が知りたい！」と思えるような課題提示ができなければ、子どもたち自身が、自ら考え、交流に参加しようとする意識をもつことはできません。つまり、提示される学習課題そのものが、交流内容を規定するものとなり、それがそのまま交流に向かう意欲にも直結するということです。

どのような学習課題を子どもたちに提示すればよいかについて、本書での詳述はしませんが、拙著『「読むこと」の授業が10倍面白くなる！国語教師のための読解ツール10＆24の指導アイデア』『「めあて」と「まとめ」の授業が変わる「Ｗｈｉｃｈ型課題」の国語授業』等をお読み頂ければ、その具体がつかめると思います。

いずれにせよ、交流内容を規定する学習課題が、交流に向かう意欲を決定づけるものであるとすれば、学習課題は、交流活動の成否を分ける重要な要素であると言えるでしょう。

⑶「交流方法」を選択する

交流機会、交流内容がはっきりすれば、意図的・計画的に交流を組み入れることはできます。しかし、ただ話し合ったとしても、交流の目的で示した3つの目標を達成することは難しいでしょう。

交流の場を、より効果的、かつ有意義なものにするためには、どのように交流するかという「方法」を考える必要があります。

「モチモチの木」の授業を例に考えてみましょう。クラス全員で読みを深め、子どもの意欲も高まったところで、いよいよ交流という場面。教師が中心人物の変容を子どもに捉えさせたいというねらいのもと、「豆太は最初と最初で変わったと思うか、4段階から選んで、近くの人と意見を交流してください」と指示したとします。子どもはやる気満々で、意見を言い合います。「私は『あまり変わっていない』と思います。なぜなら～」「私は『変わった』と思います。なぜなら～」、こんなふうにノートに書いた自分の意見を発表し合った後、子どもたちはお互いに顔を見合わせ、沈黙してしまう……。こんな経験や授業場面、思い当たる節はありませんか。

実は、子どもたちに交流させるというのは難しいことなのです。「交流」や「話し合い」として設定された時間でも、中身をよく見ると**「発表のし合い」に留まっていることも多くあります。**

子どもにしっかりとした交流をさせるためには、「交流機会」や「交流内容」だけでなく、「交流方法」も重視すべきなのです。「交流してください」と指示された時に、子どもが迷うことなく、目的意識をもって意見交換ができるように、交流の場をデザインしなければなりません。

子どもが自ら進んで交流するためのカギは、実は交流方法にあるのではないか……。そのような思いから、本書では、**探索交流・準備交流・推理交流・助言交流・問答交流・相談交流**という「フリー交流」の6つのバリエーションを提案しています。この6つの方法には、相手が述べた考えに対して、自分の意見を絡ませたくなるような工夫がなされています。つまり、交流の必然性を生み出すための工夫が組み込まれています。第2章で、どのような時に、どんなことをねらって用いればよいかを具体的に示しています。ぜひご参照ください。

5 交流をアレンジする ―交流を工夫する6つの観点―

本書で示している6つの交流方法は、あくまでもベースとなる型です。子どもに主体性をもたせるには、もう一工夫が必要です。さらに条件を与えたり、制限を加えたりすることによって、意見交流の場を、より実りあるものにすることができます。つまり、交流をアレンジすることで、授業内容や学級の実態に即した話し合いにすることができるのです。アレンジは、以下に示す5つの観点があります。

アレンジ①：人数

交流をする際、何人と交流するかという問題は、いくつの考え方にふれるかということとつながっています。そこで、交流人数を指定することは非常に大切なことであると言えるでしょう。**少ない人数を指定するということには、話し合いの内容を焦点化し、深めることができる**という利点があります。一方、**多い人数を指定するということには、様々な考えにふれることにより、多くの発見を得ることができる**というよさがあります。ねらいに合わせて考えることが大切です。

人数を指定する際に注意すべき点は、「人数」それ自体が目的となり、本来ねらいとしている目的とずれてしまうことがないようにするということです。人数を指定し、条件として提示することは、あくまでも交流を、より充実したものにするための手段です。指定された人数の友達と交流することが目的になってしまうことがないように、十分注意する必要があるでしょう。

アレンジ例）
- **自由に歩き回って、3人の人と交流しましょう。**
- **隣の人とペアで交流が終わった人からプラス5人と交流しましょう。**

アレンジ②：時間

交流の場を工夫する上で重要なことは、適度な緊張感を与えるということです。緊張感のない空間になってしまうと、だれてしまい、価値ある意見交換の場をつくり出すことができなくなってしまいます。緊張感をつくり出す上で有効な方法は、時間的な制約を加えることです。普段、授業をする際に心がけていると思いますが、交流時間を指定し、示すことで、交流に集中できる空間を用意することができます。ただ、時間的な制約を加えるにしても、どの程度の時間で設定するか、子どもの様子を見ながら決めることが大切です。**短い時間を設定するのは、周囲の友達がどのような考えをもっているかを確認する程度に交流を留めたい時、長い時間を設定するのは、友達同士で考えを共有したり、新たな考えを発見したりできるように促したいと思った時**が適しているでしょう。適度に緊張感のある空間をつくりつつも、無理なく交流できるように時間を設定する必要があります。

アレンジ例

- **（探索交流で）5分の中で、同じ意見の人を探し出せるようにしましょう。**
- **（交流人数との組み合わせで）3分の中で、3人の人と意見交流をしましょう。**

アレンジ③：手段

友達と意見交換をする際の手段を指定することで、交流に変化をつけ、活気のあるものにすることができます。交流手段には、**ノートや付箋、ホワイトボード、黒板を使って交流する方法や、筆談によって交流する方法**などがあります。自分が、何についてどう考えているのか、**互いのノートを交換して読み合ったり、ノートを机上に置いて見て回ったりすること**も、交流手段の一つとして捉えることができるでしょう。あるいは、ノートもワークシートも何も持たずに、アドリブでお互いの考えを伝え合うことも、時として有効な場合もあります。交流の手段を一様に考えるのではなく、様々な方法を駆使し、工夫することによって、交流をより充実したものにすることができるはずです。

アレンジ例

・ノートは机の上に置いて、見て回りましょう。

・友達の考えを聞いたら、付箋に「なるほど！」と思ったポイント書いて渡しましょう。

アレンジ④：相手

席を離れて歩いて回り、自由に意見交流してもよい……となると、毎回同じメンバーになってしまい、交流がマンネリ化してしまう可能性があります。そうした事態を避けるためにも、交流相手を指定し、誰と交流しなければいけないかという制約を設けることが必要です。交流する相手が、固定メンバーではなく、色々な友達と……ということになれば、新たな発見や気づきも生まれますし、交友関係を広げるきっかけにもなります。**いつも同じメンバーになり、馴れ合いの関係で、だれてしまうような意見交流から、毎回異なるメンバーと、新鮮で刺激的な意見交流の場をつくり出すこと**ができれば、有意義な意見交換の場を用意することができるはずです。例えば、男子は女子と、女子は男子と交流するようにしたり、1号車と3号車、2号車と4号車で交流するように指定したりする方法などが考えられるでしょう。こうした「交流相手の指定」という方法も、意見交流を活性化させる上で、非常に効果的です。

アレンジ例

・1班から3班は、後ろのスペース。4班から6班は、前のスペースに行って交流しましょう。

・それぞれの号車の廊下側の列の人同士、窓側の列の人同士で交流します。

アレンジ⑤：レベル

交流をする際、レベルを提示することも充実した交流の場をつくる上で、非常に効果的です。この「交流レベル」は、**評価と一体化させながら考える**とよいでしょう。例えば、2人と交流できたら「C」、3人と交流できたら「B」、5人と交流できたら「A」というように、評価の観点を示し、それを目標にして取り組めるようにするということです。他にも、意見交流をする際に、「考えを伝え合い、相手の考えでいいなと思うところがあったら、赤鉛筆を使って自分のノートに箇条書きで書いておきましょう。3つ以上書き込めたら『A』です」というように、活動の中身をレベルとして明示することも有効です。子ども自身が交流の内容だけでなく、交流の仕方についても意識を向けることができるようになり、話すことや聞くことの力を育むことにもつながります。もちろん、その評価をとることが目標になってしまう部分もありますが、あくまでも、交流レベルを提示することは、交流を活性化させるための手段として用いることが大切です。何について交流するのか、どのように交流するのか、目の前にいる子どもたちの実態はどのようなものなのか……、それらを総合的に捉え、考えた上で用いるようにしましょう。

アレンジ例

- **5人と意見交流することができたら、Aです。ただし、交流した人の名前をノートに書いておきましょう。**
- **全体交流で推薦したい意見を3つ見つけることができたらA、2つ見つけることができたらB、**

6 「交流」の先にあるもの ―交流の発展性を大切にする―

先の項でも述べたように、交流することの目的は、指導の目標を達成することや、様々な考え方にふれて、他者理解を促すことだけではありません。子どもが自分の考えを、自信をもって堂々と表現できるように、成長を促していくことが大切です。つまり、「学習する主体」としての成長を促すことが重要です。

最終的には、担任を受けもった子どもたちが、自分の考えを進んで発表し、他者と交流する活動を通して、よりよい自分に成長しようとする気概をもてるように指導していくことが重要であると考えています。

交流は、教師が場を用意することによって、子ども同士で意見交換できるようにする段階から、教師が場を用意しなくとも、子どもたち同士で意見交換できる段階にまで高めていく必要があります。つまり、教師のお膳立てがなくとも、全体交流の場で自分の意見を堂々と発表したり、友達の考えに集中して耳を傾けたり、それにつなげて意見を述べたりできる関係性をつくっていくことが重要です。そして、最終的には、自ら学ぼうとする主体として成長できるように促していくことが大切です。1年を通して

「学習する主体」として、目の前にいる子どもを育てていく。そうした視点をもち、交流の発展性を意識しながら日々の授業づくりに取り組んでいくことが大切です。

次章からは実際の教材を用いた21の交流デザインを、６つの方法ごとに示していきます。それぞれ４ページからなっており、最初の２ページでは教材の特徴や単元構想をまとめています。「本時」における交流が、単元の中でどのように位置づけられているかを考えながらお読み頂ければと思います。

次の２ページでは、「本時」として扱う授業の具体的な流れを示しています。交流を行う前後の流れやアレンジの方法などを詳細に記しています。交流に向かう意識がどのように醸成され、授業のねらいとするところへ収束していくのか、交流前後の流れにもご注目ください。

第2章

6つの
バリエーション

探索交流
準備交流
推理交流
助言交流
問答交流
相談交流

自ら動いて読みを深める フリー交流

探索交流

●自分と同じ考えや違う考えをもっている人を探す

【こんな時に】 多様な考えが生まれ、意見が拡散してしまった時

【ねらい】 話し合うための「共通の土台」をもたせる

友達と意見交換をする中で、**自分と同じ考えや違う考えをもっている人を探す**という交流方法です。

多様な考えが生まれ、意見が拡散している状況で交流活動を取り入れたい時に用いるのがおすすめです。意見が「拡散」するのはよいことですが、話し合いが「散漫」になるのは、よいこととは言えません。何を話し合ったのかが分からない話し合いでは、学習内容が曖昧になってしまうからです。

そこで、この「探索交流」を行い、色々な考えにふれる場を保障し、**他者の意見と自分の意見の間に、どのような共通点、あるいは相違点があるのかを探し出させる**中で、全体で**「話し合うための共通の土台」**をつくることが、有効な手立てになります。

また、これに加えて、「探す」という明確な目的のもとで活動を行うので、**交流する必然性をもたせやすい**という利点もあります。

●自分と同じ考えの人は誰か？
●自分と違う考えの人は誰か？
●自分の考えと共通していることは何か？
●自分の考えと異なっていることは何か？

こうした「自分が求めているもの」を探し出そうと活動に取り組む中で、自然と交流に向かう意欲がひき出されていきます。

この方法には、もう一つ大きな利点があります。それは、**多くの友達と意見を交換することができる**という点です。自分と同じ考えや違う考えを見つけ出すためには、なるべく多くの人と意見交換をしなければなりません。つまり、意見を交流していく中で、知らず知らずのうちに、多くの考え方にふれることができるのです。

ただ、注意すべき点もあります。それは、探すことだけを追い求めて、交流が雑にならないようにするということです。多くの人と交流する中で、探しているものを見つけ出すことが目的にはなるのですが、探すことのみに意識がとらわれてしまうと、交流が適当になってしまい、表面的な意見交換で終わってしまいます。

目的とする意見や考え方を探し出す楽しさを味わえるように場を設定しつつも、いい加減な交流にならないように注意を呼びかけることで、活気ある意見交流の場を生み出すことができるでしょう。

1 どんな相手を見つけるかを知る
同じ考えの人を探しましょう
2 目的とする考えを探す
3 なぜそう考えたのかを共有する
どうして？
だからね
4 全体で交流する
発表してください

探索交流――時間：時間制限を加えることで、活気ある交流ができるようにする

全10時

「おにごっこ」（光村図書）

ねらい

・自分の知識や経験と結びつけながら読む。
・大事な言葉に気をつけて読み、内容を理解する。

●教材について

本教材は、身近な遊びである「おにごっこ」が話題として取り上げられていますが、子どもからすると、こうして言葉で整理されたものとして把握するのは初めてだと思います。だからこそ、ポイントとなる言葉を拾い出しながら、「おにごっこ」について述べられている内容を理解できるようにする必要があるでしょう。

●本単元のねらい

本単元は、自分の知識や経験と結びつけながら、大事な言葉に気をつけて読み、書かれている内容を正しく理解することをねらいとしています。ここで大切なことは、子どもたちも遊んだことのある「おにごっこ」が話題として挙げられているということです。だからこそ、興味をもちながら読むことのできる教材であり、自分がもっている知識や経験と結びつけながら読むことができる教材と言えます。どんな「おにごっこ」が挙げられているのか、どんな遊び方で、どのような面白さがあるのか、自分の知識や経験と結びつけながら読めるように促しましょう。

単元計画

一次

「おにごっこ」についての知識を共有する

①「おにごっこ」についての知識を共有する。

②「おにごっこ」の楽しいところを短い文章にまとめる。

「『おにごっこ』（あるいは『○○おに』）の楽しいところは……」の書き出しに続けて自分が考える「おにごっこ」の楽しいところを書く。

二次

本文を読み、内容を理解する

③本文を読んで、感じたことを伝え合う。 本時

3つの選択肢の中から一つを選んで感想を交流します。交流する際に、探索交流を用いることで色々な感じ方にふれ、自分の考えを広げることができます。

④問いの文を確認し、2段落に書かれている遊び方と理由を読む。

⑤2段落と比べながら3段落に書かれている遊び方と理由を読む。

⑥4と5段落を読み、遊び方と理由をまとめる。

⑦6段落を確認した後、「みんなが楽しかった」と思えるような「おにごっこ」の遊び方を具体的に考える。

三次

調べて紹介する

⑧⑨自分が紹介したいと思う遊びを調べる。

⑩調べた遊びと遊び方を紹介し合う。

探索交流 「おにごっこ」◎時間制限を加えることで、活気ある交流ができるようにする

感想を共有する

【ねらい】 本文を読み、感じたことを伝え合う。

①前時を振り返り、考えたことを共有する

前時で学習したことを振り返った後、それらとつなげながら教師の範読を聞くように促す。

②ぴったりな観点を選び、感想を共有する

初読の感想を次の3つの中から選ばせ、ノートに書かせる。

①はじめて知ったこと　②そうだよね！と感じたこと
③そうかな？と思ったこと

③初読の感想を交流する

では、席を立って自由に友達と交流します。ノートと鉛筆を持ちましょう。これから6分ほど時間をとるので、自分と違う番号を選んで感想を書いた人を見つけます。ただし、違う番号を選んでいる人を見つけたら、どんなことを書いたか詳しく聞きます。交流した相手の名前は、ノートに書いておきましょう。

POINT 1 **効果的な交流を生み出すための感想の焦点化**

教師の範読を聞き終わった後、感想を3つの観点から選んで書くように設定しています。観点を選んで書くようにすることで、自分が考えてきたことや、もっている知識に結び付けながら、無理なく意欲的に感想を書くことができます。また、感想の観点を分散させることで、交流の場を活性化させることができます。

交流場面

ぼくは①を選んだけど、どれにした？

私は②にしたよ！

じゃあ、どんなことを感じたかを話そう！　ぼくはね……。

なるほど！　私はね……。

では、席に戻りましょう。みんなで交流します。①から③のどれを選び、どんなことを感じたのかを発表しましょう。

効果的な交流のためのポイント

制限時間を設定し、限られた時間の中で活動に取り組むように指示を出すことで、全員が意欲的に活動に取り組めるようにします。また、交流相手の名前をノートに書くことによって、交流の成果を可視化することができます。

④全体で感想を共有し、本時の学習を整理する

色々な感じ方や受け取り方があったことを確認した上で、自分の知識や経験など、初読前に考えていたこととつなげながら読むことが大切であることを確認する。

POINT 2　交流内容を整理する項目別の板書

全体で意見を交流する際には、出てきた感想を項目別に整理して板書するようにしましょう。どの観点で何を感じたか、どう受け取ったかが明確に分かるように板書することで、考えを共有しやすくなります。

POINT 3　知識や経験とつなげる

前時では、「おにごっこ」の面白さを文章化する活動をしています。そうした自分の中にある「おにごっこ」の捉えと比べながら読むことが大切です。

探索交流――手段：ノートを机上に置いて交流することで、単時間で多くの考えにふれられるようにする

「ごんぎつね」（教科書会社全社）

全10時

ねらい

・中心人物のごんの心情の変化を把握する。
・視点の転換や草稿と改稿の違いを把握することで、作品に対する自分の考えをもつ。

●教材について

本教材は、中心人物「ごん」の悲運を描き出した作品です。兵十を困らせた罪を償うために、努力を重ねるも、悲劇的な結末を迎えるという点に、読み手は心が惹かれることでしょう。情景描写や視点の転換など、多くの表現技術が散りばめられている点が、子どもにもつかませたいポイントです。

●本単元のねらい

本単元は、物語の展開に合わせて、ごんの行動や心情がどのように変化していくのかを捉え、感じたことや思ったことを伝え合うことが、ねらいです。単に、その時々のごんの気持ちがどうだったかを、闇雲に想像するのではなく、ごんの行動描写や、様々な箇所に書き記されている情景描写を根拠としながら、ごんの心情を探っていくことが大切です。また、「ごん」から「兵十」への視点の転換を押さえつつ、草稿と改稿で物語の結末部分の書かれ方が違っていることを確認することで、自分なりの考えをもてるように促しましょう。

単元計画

一次

物語の内容を把握し、感想を交流する

①本文を読み、自分の感じ方を交流する。

物語が明るく、A 温かいお話だ／B 冷たいお話だと思う。
物語が暗く、C 温かいお話だ／D 冷たいお話だと思う。
から自分の感じ方に合うものを一つ選び、そう感じた理由を交流する。

二次

ごんの行動や心情の動きを把握し、内容を理解する

②場面 1 を読み、作品の設定をつかむ。
③場面 2 を読み、情景描写とごんの心情の変化をつかむ。
④場面 3 を読み、償いの動機と、ごんの心模様を考える。
⑤場面 4 と 5 を読み、ごんの心の動きを読む。
⑥場面 6 を読み、結末の是非を考える。
⑦草稿と改稿を比較し、どちらがよいか考える。 本時

草稿と改稿のどちらがよいかを交流する際、探索交流を通して同じ考えを見つけるように場を設定することで、自分の考えとの共通点を見出し、より明確な意見をもてるように促すことができます。

⑧語り手の視点に立ち、兵十のその後の様子を書く。

三次

自分の考えをまとめる

⑨☆いくつかも含めて「ごんぎつね」のレビューを書く。
⑩書いたレビューを共有する。

探索交流 「ごんぎつね」◎ノートを机上に置いて交流することで、単時間で多くの考えにふれられるようにする

同じ考えを見つけて、理由を共有する

【ねらい】草稿と改稿を比べて読むことで、物語の面白さを味わう。

①草稿を提示し、改稿と草稿の違いを確認する

教科書に掲載されているのが、新美南吉が書いた文章から変わった箇所があることを明かした後、草稿「権狐は、ぐったりなったまま、うれしくなりました。」を提示し、改稿との違いを確認する。

②課題を提示し、自分の考えをもたせる

新美南吉が書いた草稿と、教科書に載っている改稿とでは、どちらの方がよいと思ったかをノートに書かせる。

③意見を交流する

では、友達と考えを交流しましょう。自分の考えを書いたノートを机の上に開いて置きます。これから5分とるので、自分と同じ考えをもっている人を見つけましょう。同じ考えの人が見つかったら、どうしてそう考えたのか、理由も確認しましょう。

○○さんは、ぼくと同じように、草稿の方を選んでいるな。

POINT 1 交流を活性化させる課題の提示

子どもたちは、これまで読んできた本文が、「新美南吉が書いたもの」と信じて疑っていないはずです。もちろん、南吉本人が書いたものであることに変わりありませんが、部分的に変えられていることを知れば、どこがどのように変えられているのか興味をもつはずです。そこで、草稿を提示し、どのような違いがあるのか、どちらの方がよいのかを考えさせることで、より高い次元で物語を読むきっか

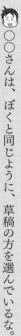

交流場面

〇〇君は、改稿の方を選んだのか……。

では、5分たったので自分の席に戻りましょう。どうしてそちらがよいと思ったのか、これまで考えてきたことを振り返りながら意見が言えるようにしましょう。

効果的な交流のためのポイント

草稿と改稿のどちらがよいかを交流する際、探索交流を通して同じ考えを見つけるように促すことで、自分の考えとの共通点を見出し、より明確な意見をもたせることができます。

④全体で意見を交流し、改稿の意図を探る

全体で意見を交流した後、なぜ書き改められたのかということを、「改稿表現の効果」という観点から考えられるようにする。最後は、少しの表現の違いで、物語の印象や受け取り方が変わることを確認し、微妙な表現の違いが物語の面白さにつながっていることを共有できるようにする。

けをつくることができます。

POINT 2 交流の質を高める理由の共有

探索交流をする際、同じ意見の人を見つけ、なぜそう考えたのか、理由を共有するように促すことで、自分の考えを、より確かで説得力あるものにすることができます。

POINT 3 改稿の意図を探る

改稿の意図を考えたり、その表現の効果を探ったりすることで、前時までの学習を通して考えてきたことを生かしながら自分の考えをもつことができるでしょう。

5年

探索交流――人数：人数を指定することで、それを目標に活発に交流できるようにする

「まんがの方法」（教育出版）

全6時

ねらい

・事実と意見の関係を捉える。
・自分の経験や感覚と筆者の考えを比べながら読む。

●教材について

本教材の魅力は、子どもの興味・関心をひきつける「漫画」が取り上げられているというところです。しかし、子どもの興味・関心は、ほとんどがストーリーなどに向くことが多く、「方法」に関心をもつ子どもは多くはないでしょう。このギャップを逆手にとり、思考を活性化させる学習課題や交流場面を仕組む単元を構想してみましょう。

●本単元のねらい

本単元は、内容を的確に押さえながら読むことを大きなねらいとしています。大切なことは、「事実と意見の関係を捉えながら読む」ということです。筆者がどのような事実をもとにしながら、自分の意見（主張）を述べているのかを把握することが重要です。

また、漫画に対する自分の経験や感覚にひきつけながら読むことも大切です。漫画のもつ魅力について、自分なりに把握していることと筆者の考えを比べながら読めるようにしましょう。

単元計画

一次

筆者の考えに対する自分の考えをもつ

①本文を読み、筆者の考えに反応する。　本時

「A：たしかに！」「B：なるほど！」「C：へぇー！」「D：うーん、そうかな？」「E：えー、あんまり……。」の5つの選択肢を提示し、初読を終えた後は、その選択肢の中から選ぶように設定します。

初読後の反応は様々で、子どもによって感じ方は大きく異なります。受け取り方が異なり、考えが大きく割れるからこそ、探索交流を用いた交流の場を設定することで、色々な感じ方にふれ、自分の考えを振り返るきっかけを得ることができるはずです。

二次

内容を捉え、考えたことを交流する

②挿絵と方法を対応させながら内容を確認する。

③ 15 段落の必要性を考える。

④方法を 3 つ選んで書くとしたら、何にするか考える。

⑤ 16 段落の主張に対する納得度を 5 段階で表す。

三次

自分の考えをまとめる

⑥漫画に対する考えを文章に表す。

探索交流「まんがの方法」◎人数を指定することで、それを目標に活発に交流できるようにする

自分と同じ反応を見つけ出す

【ねらい】本文を読み、筆者の考えに反応することの大切さを知る。

①漫画のおもしろさを想起し、本文を通読する

漫画について知っていることを共有し、本文への興味をもたせたところで、教師が範読する。

②初読の感想をもつ

初読の感想を次の5つから選ばせ、ノートに考えを書かせる。

A：たしかに！／B：なるほど！／C：へぇー！／D：うーん、そうかな。／E：えー。あんまり…。

③探索交流で、初読の感想を交流する

では、友達と考えを交流しましょう。自分の考えを書いたノートを持ちます。これから3分、時間をとるので、自分と同じ考えをもっている人を三人以上見つけましょう。ただし、交流した相手が、自分と同じ考えではない場合には、その理由を必ず聞きましょう。では、始めます。スタート！

POINT 1 交流を活性化する導入の工夫

本時の授業の導入部分では、交流「漫画の面白さ」を考え、交流します。子どもたちからは色々な意見が出てくると思いますが、「方法」という観点で面白さを挙げる子は少ないでしょう。ここで「方法」以外の面白さを強調しておくと、本文を読んで、探索交流を行う際に様々な反応が表れ、交流の場を活性化させることができます。

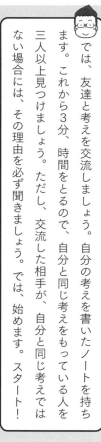

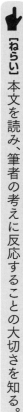

交流場面

どれを選んだ？　ぼくはDを選んだよ。

私はB！

どうしてBにしたの？

見つけ終わった人から席に戻って、もう一度ノートに自分の考えを書いてください。そのあと、黒板のところに来て、選んだ選択肢のところにネームプレートを貼りましょう。

効果的な交流のためのアレンジ

交流人数を設定することで、目標をもって交流に取り組めるようにしましょう。ただ、交流相手が自分と異なる考えをもっていた場合には、なぜそう考えたのかを詳しく聞き、実りある話し合いができるようにすることが大切です。

また、交流したことによって、自分の考えに変化が生まれたかどうかを考える時間をとるようにしましょう。

④全体で共有し、まとめる

交流を通して深めた感想を、学級全体で共有する。ただ文章の内容を捉えるだけでなく、自分なりに感想や考えをもちながら読むことの大切さも伝える。

POINT 2　交流を促すネームプレートの共有

個別の交流を終えた後、どの選択肢にしたのかが分かるように黒板にネームプレートを貼ると、全体で考えを共有しやすくなります。

POINT 3　本文を読む前と読んだ後を比べる

本文を読む前と読んだ後で、「面白さ」の受け取り方にどのような変化が生まれたのかを確認することも大切です。「面白さ」の受け取り方にどのように変わったかを確かめることで、筆者の考えに反応しながら読むことを実感的に理解することができます。

準備交流

●全体交流に備えて、考えを共有する

【こんな時に】議論を意識した学習課題を提示する時

【ねらい】どうしてそう考えたのか、思考過程を共有する

同じ考えをもったメンバーで集まり、全体交流での議論に備えて考えを練り合う交流方法です。

授業の中で意見交流をする際、場を活性化させ、活発な話し合いを促す手立ての一つに、**対立軸を意識した討論的な課題を提示するという方法**があります。

●筆者の考えに納得できるか・できないか？　●〇段落はあった方がいいか・ない方がいいか？
●題名はふさわしいか・ふさわしくないか？　●〇場面はあった方がいいか・ない方がいいか？

など、子どもの中で解釈が割れ、議論を呼ぶような学習課題を提示することで、意欲的な意見交流の場を用意することができます。また、そうした学習課題には、どちらか一方を選択し、自分の立場を決めることができれば、どの子も自分の意見をもつことができるという利点があります。

しかし、自分の意見をもつことができたとしても、明確な根拠や理由をもつことができなければ、全体交流の場で発言力の強い子に圧倒されてしまいます。だからこそ、「準備交流」と題して、同じ立場同士で集まり、話し合う機

会を設定する必要があります。

その際、重要なことは、**同じ立場の中でも、何を根拠に、どう考えたのかを共有すること**です。

たとえ、同じ選択肢を選んでいたとしても、根拠となる叙述も違えば、なぜそう考えたのかという理由も微妙に異なってくるはずです。そうした「根拠」や「理由付け」と合わせて、どんな考えをもったのかを共有する必要があります。準備交流を設定し、互いの意見を確認し合う際には、**「どこからそう考えたのか（根拠）」「どうしてそう考えたのか（理由）」を明確にしながら話し合うように促すこと**が必要です。

また、あえて、反対意見をもった友達と話し合うように設定するのもよいでしょう。反対意見をもった友達と意見交換する機会を設ければ、対立軸を明確にしたり、異なる考え方にふれたりすることができます。

学習課題や状況に応じて、どのように準備交流を設定するかで、その後の展開は大きく変わります。

1 同じ意見のメンバーで集まる
2 理由や根拠を共有する
3 自分の考えを見直す
4 全体で交流する
どうでしたか?

準備交流――人数：同じグループの中で二人一組をつくって交流させることで、話し合いへの全員参加を促す

「どうぶつの赤ちゃん」

（光村図書）

全10時

ねらい

・紹介されている事例を比べて読み、その違いに気づく。
・情報を整理しながら読むことで、内容の大体をつかむ。

●教材について

本教材は、「ライオン」と「しまうま」という2種類の動物の赤ちゃんを比較し、その違いについて述べている説明文です。2種類の動物を取り上げ、比べていることから、内容の読み取りを行う際には、両者の共通点や相違点を比較しながら情報を読み取ることが必要になります。全体にかかる問いの文はありますが、文章全体をまとめる文章がない点も特徴の一つです。

●本単元のねらい

本単元は、ライオンとしまうまを比べながら読むことで、内容の大体をつかみ、書かれている事柄を理解することが、ねらいです。ライオンとしまうま、それぞれの情報を整理する際には、「生まれたばかりの様子」と「大きくなっていく様子」の二つに分類して整理していきます。また、「もっとよもう」に紹介されているカンガルーの事例と合わせて読むこともポイントです。事例を比べて、共通点や相違点を考える力は、本単元で重点的に育てたい力です。

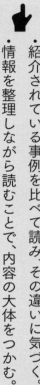

単元計画

一次

動物の赤ちゃんについて知っていることを共有する

①何の動物の赤ちゃんかを当てるクイズをした後、動物の赤ちゃんについて知っていることを共有する。

②本文を読み、初めて知ったこと / びっくりしたこと / 疑問に思ったことを交流する。

二次

動物の赤ちゃんを比較し、書かれている内容を理解する

③形式段落と問いの文を確認する。

④ライオンの赤ちゃんの情報をまとめる。

⑤しまうまの赤ちゃんの情報をまとめる。

⑥２種類の赤ちゃんを比べて、違いを考える。

⑦カンガルーの赤ちゃんを読み、ライオンとしまうまの赤ちゃんとの違いを考える。

⑧それぞれの赤ちゃんで、「一番すごいと思った赤ちゃんはどれか」を考える。 本時

一番すごいと思った赤ちゃんはどれかを考える中で、子どもたちの意見は３つに分かれるでしょう。そこで準備交流を設定し、グループで話し合う時間をとることで、書かれている事柄をもとに、確かな考えを練り上げることができるはずです。

三次

動物の赤ちゃんになりきって表現する

⑨ライオン・しまうま・カンガルーの赤ちゃんになりきって、自己紹介文を書く。

⑩書いた紹介文を読み合う。

準備交流　「どうぶつの赤ちゃん」◎同じグループの中で二人一組をつくって交流させることで、話し合いへの全員参加を促す

どんな理由を書いたのかを少人数で共有する

【ねらい】一番を選ぶ活動を通して、読み取った情報を活用して考える。

①赤ちゃんクイズで読み取った内容を確認する

本文の内容をもとに「赤ちゃんクイズ」を出題し、これまで読み取ってきた内容を確認する。

②学習課題を提示し、自分の考えをもたせた後、交流する

「ライオン」「しまうま」「カンガルー」の赤ちゃんの中で、「一番すごい！」と思った赤ちゃんを選び、自分の考えをノートに書かせる。

これから同じ動物を選んだ人同士で集まって話し合います。自分の考えを書いたノートを持ち、それぞれの場所に移動します。同じ動物を選んだ人たちの中で、二人一組になり、どこがすごいと思ったのかを話し合いましょう。

（それぞれのグループで集まり）ぼくは〜という理由で、しまうまが一番すごいと思ったよ。

私は〜という理由かな。

POINT 1　交流の活性につながる赤ちゃんクイズ

「生まれた時に一円玉ぐらいの重さしかない赤ちゃんは？」など、クイズを出題しながら書かれている内容を振り返ることで、楽しく考えられるようにしています。また、本文の内容を振り返るように促すことで、本時の課題に無理なくつなげることができます。

POINT 2　交流の活性を促す知識や経験との関連づけ

一番すごいと思う赤ちゃんを選ぶ際には、その子のもっ

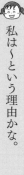

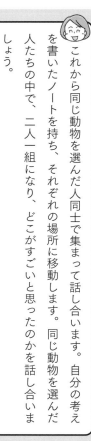

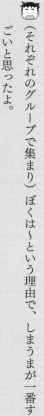

交流場面

それでは、自分の席に戻って、全体で意見交流をします。

効果的な交流のためのポイント

1年生という発達段階を加味して、同じ立場の中でも、二人一組のペアをつくって交流するように場を設定することで、話し合い活動への全員参加を促し、意見交換をより確かなものにすることができるはずです。二人一組のペアをつくることが難しい場合には、教師が声をかけ、ペアを指定してもよいでしょう。

③全体交流を行い、考えを共有する

全体交流を行う際には、根拠と理由を明確にしながら話せるように促す。そうすることで、赤ちゃんのどのような特徴を、どう捉えたのかを明確にしながら話せるようにする。また、選んだ人数が少なかったところから発表できるようにする。

④話し合いを整理し、本時の学習をまとめる

授業の最後では、これまで学習してきたことや、教科書に書かれている内容をもとにしながら話し合えたことを価値づけし、比べて考えることの大切さを強調できるようにする。また、ほかの場面においても比べて考えるという視点をもてるように促す。

ている知識や経験、感じ方が発揮されるので、解釈が割れ、議論が活性化するはずです。準備交流で考えを交流する際には、同じ動物を選んでいても、理由づけや根拠の挙げ方に違いがあることに気づかせるとよいでしょう。

POINT 3 少数の意見から始める意見の発表

全体で交流し、議論する際には、少人数の考えから発表できるように促します。多人数の考えから発表してしまうと、少数派から意見が出にくくなってしまうからです。

準備交流――手段：教科書をもって交流に臨ませることで、根拠を明確にした意見をもてるようにする

「まいごのかぎ」（光村図書）

全6時

ねらい

・場面の移り変わりに着目しながら中心人物の変化を読み取る。
・物語のしかけを把握し、ファンタジー教材の特性を知る。

●教材について

本教材は、道端に落ちていた鍵を見つけた主人公「りいこ」が、鍵を拾ったことを境に不思議な出来事に出くわしていくというファンタジー教材です。「りいこ」が出合う不可思議な出来事や、効果的な比喩表現、擬人法によって、思わず物語の世界にのめり込んでいってしまう文学教材です。

●本単元のねらい

本単元は、場面のつながりに着目しながら中心人物の変化をつかむことを、主たるねらいとしています。中心人物として描かれている「りいこ」の心情変化を追っていく際には、比喩表現や擬人法が手がかりになります。また、本作品がファンタジー教材であることも踏まえると、中心人物「りいこ」が鍵を拾ったことが、この物語の中で大きなしかけになっている点も着目させたいところです。中心人物「りいこ」の視点に寄り添いながら物語を読み進めていく中で、文学作品の面白さにふれていけるとよいでしょう。

単元計画

一次

物語の内容を予想し、感想を交流する

①挿絵と題名から内容を予想し、範読後に「一番面白かったところ」がどこだったのかを交流する。

二次

中心人物の変化をつかみ、内容を理解する

②場面分けを確認し、「りいこ」の人物像を捉える。

③比喩や擬人法を読み、その効果について考える。

④物語の仕掛けを読み、ファンタジーの特性を確認する。

本時

「りいこ」が出会った4つの不思議な出来事の中で、どの出来事が「りいこ」の心に一番残ったのかを選択し、議論する場を設定します。同じ出来事を選んだメンバーで集まって準備交流を行うことで、より説得力のある意見を言えるように促すことができます。

⑤物語の前半と後半を比較し、「りいこ」の変化を捉える。

三次

物語を読んで面白かったところを感想文にまとめる

⑥物語を読み、面白かったところを感想文にまとめ、共有する。

準備交流 「まいごのかぎ」◎教科書をもって交流に臨ませることで、根拠を明確にした意見をもてるようにする

準備交流で説得力ある意見を練り上げる

【ねらい】物語のしかけに気づき、ファンタジーの特性を知る。

①りいこが経験した4つの出来事を確認する

りいこが出会った不思議な出来事を教師がジェスチャークイズで出題し、りいこが4つの出来事に遭遇したことを確認する。

②学習課題を提示し、自分の考えをもつ

4つの出来事の中で、りいこの心に一番残ったのは、どの出来事だと思ったか、自分の考えをノートに書かせる。

教科書を持ちます。これから同じ出来事を選んだ人同士でグループをつくり、話し合います。より説得力のある意見を言えるようにするためには、本文のどこがヒントになるかを考えながら交流するようにしましょう。人数が多いところは、三人一組で話し合います。

ぼくは、○ページの○行目に書いてあることがヒントに考えたよ。

私が、もしも「りいこ」だったら、……だと感じるだろうと思ったからこれにしたよ。

POINT 1 授業の導入を工夫する

ただ単純に、「りいこが出会った不思議な出来事は何でしょう」と問うより、ジェスチャークイズで答えを当てさせる活動を盛り込むことで、楽しく学習に取り組む雰囲気を醸成することができます。

POINT 2 りいこの視点で考える

りいこの視点に立ち、どの出来事が一番心に残ったのかを考えることで、書かれている叙述や自分の感じ方に根拠

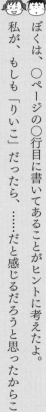

交流場面

では、そろそろ自分の席に戻りましょう。全体で意見の交流をします。

効果的な交流のためのポイント

準備交流を行う際、教科書を持ち、本文の叙述に根拠を求めながら考えるように促すことで、確かな考えを練り上げることができます。赤鉛筆などで根拠となる叙述にサイドラインを引かせることも有効な手段です。

③題名書き換えの是非を問い、物語のしかけに気づかせる

様々な意見が出てきたことを確認した上で、題名を「りいこの不思議物語」にしてはどうかと提案し、子どもの思考をゆさぶることで、なぜ題名が「まいごのかぎ」になっているかを考えさせる。

④本時の学習をまとめ、ファンタジーの特性を確認する

りいこが拾った鍵が、この物語において大切なアイテムで、非現実世界に入っていくしかけになっていることを確認した上で、本作品が「ファンタジー」であることを確認する。

を求めながら、楽しく考えることができます。また、思考のズレが生じることで、交流の場を活性化させることができます。

POINT 3 ねらいにつながる発問を投げかける

前段の活動を受け、あえて、題名を「りいこの不思議物語」に書き換えた方がよいのではないかと投げかけることで、「まいごのかぎ」という題名が付けられている意味を考えられるようにします。「まいごのかぎ」があることで、非現実の世界に迷い込み、物語が進展していることを確認した上で、ファンタジーの特性を押さえられるようにしましょう。

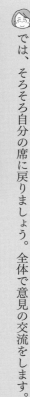

準備交流――**手段：**ホワイトボードを使うことで、意見を集約し、確かな考えを練り上げられるようにする

「海の命」

（光村図書・東京書籍）

全6時

ねらい

・登場人物の関係性を捉え、中心人物の変化を読み取る。
・物語の内容や展開を把握し、中心人物の生き方に対する自分の考えをもつ。

●教材について

本教材は、中心人物である太一の生き方や考え方、心の葛藤、太一と関係をもつ登場人物たちとの関わりが三人称限定視点（語り手が太一の視点に入り込んで物語を進めている）で印象的に描かれた作品です。なかでも、読者に一番の問いを投げかける箇所は、太一が巨大なクエに出会った時に、仕留めることをやめた場面（クライマックス）でしょう。

●本単元のねらい

本単元は、中心人物である太一の変化を捉えながらも、周囲の登場人物との関係性を読み解いていくことを、ねらいとしています。六年生の最後に扱う文学作品であるということを踏まえると、これまで学んできたことを生かしながら読み解いていく教材として捉えることが大切です。これまで学習してきた文学教材との共通点は何か、相違点は何かということを、学習用語をもとに考えることができるとよいでしょう。

単元計画

一次

物語を読み、感じた印象を伝え合う

①「海の命」からイメージするものを交流した後、本文を読み、印象に残った場面について話し合う。

二次

物語の内容を把握し、太一の生き方について話し合う

②人物や設定を整理し、大まかな内容を把握する。

③構造を確認し、山場での太一の心の動きを読む。

④太一はクエを殺してはいけないと思って打つのをやめたのか、自分には殺せないと感じて打てなかったのかを考える。 本時

クエを目の前にした太一の心の葛藤をどのように読んだのかで、解釈が大きく割れる問いです。あえて対立軸をつくり、議論を生み出す問いを投げかけ、互いに意見をぶつけ合う場を用意することで準備交流を効果的に用いることができます。

⑤太一の生き方に最も影響を与えた人物を考える。

三次

読み取ったことを表現する

⑥三つの表現活動の中から選択して取り組む。

A「海の命」の主題は何かについて文章にまとめる

B 太一の生き方から学ぶものは何かについて文章にまとめる

C「海の命」を読んで感じたことを感想文にまとめる

準備交流 「海の命」◎ホワイトボードを使うことで、意見を集約し、確かな考えを練り上げられるようにする

議論にそなえる準備交流を設定する

【ねらい】 太一の心の葛藤を読み解く中で、行間を埋めながら読む楽しさを味わう。

①前時で確認したことを振り返る

前時で学習したこと（クライマックス場面での太一の心の動き）を振り返り、本時の学習課題につなげる。

②問いを投げかけ、自分の考えをもたせた後、交流する

太一がクエにもりを突き刺さなかったことを確認した上で、AとBのどちらかを選び、ノートに自分の考えを書かせる。

A　クエを殺してはいけないと思って打つのをやめた
B　自分には殺せないと感じて打てなかった

これから同じ選択肢を選んだ人同士で集まって話し合います。この後に全体で議論をするので、より説得力のある意見が言えるようにするために、ホワイトボードを使って考えを整理し、それぞれのグループで根拠や理由を明確にしておきましょう。

POINT 1　対立軸を意識し、交流を活発化させる問い

AかBのどちらかという問いを立て、選択させることで、思考のズレを引き出すと同時に、対立軸を意識できるようにします。対立軸を意識させることで、相手意識をもち、自分の意見を分かりやすく伝えようと考えられるようになります。

POINT 2　思考を深めるための交流の工夫

議論の途中、自分の考えを変えてもよいことをあらかじ

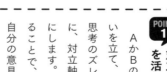

交流場面

ぼくがAを選んだのは、○ページに～と書いてあって……。

そうだよね！　私も、そこに書いてあることから～と思ったから……。

では、全体で交流をします。自分の席に戻りましょう。

効果的な交流のためのポイント

ホワイトボードを活用するように促すことで、拡散しがちな話し合いを一つの方向にまとめることができます。人数が多い場合には、状況に応じて小グループを編成し、それぞれにホワイトボードを渡すようにするのもよいでしょう。

③全体交流を行い、議論する

全体交流を行う際、議論の途中で、考えが変わった子どもがいたときに、なぜ変わったのか、理由を尋ねるようにする。

④話し合ったことを整理し、本時の学習をまとめる

議論する中で、解釈がさらに割れ、話し合いが複雑化するので、叙述をもとに、自分なりの考えをもつことが大切であることを伝える。その後、「行間」を埋めながら読んでいくことの面白さを伝えて本時の学習をまとめる。

め伝えておくことで、意見を変えることに抵抗を感じないようにしておくことが大切です。また、意見が変わった時に、誰の、どんな意見に心を動かされたのかを確認すると、議論がより活性化します。

POINT 3　読みの方法の一般化

この問いは、書かれている叙述だけで明確な判断をすることができません。だからこそ、行間を補いながら読むことの大切さがあることを確認した上で、そうした読みの方法を一般化し、話し合いをまとめることが重要です。

推理交流

●相手の考えを推理し、当てる

【こんな時に】友達の考えに関心をもたせ、交流を活性化させたい時

【ねらい】相手の考えを推理することで、自分の考えとの比較を促す

相手がどのような考えをもっているかを推理して当てるという、ゲーム感覚で楽しみながら交流する方法です。

2年生で学ぶ文学教材「スイミー」を例に、具体的に考えてみましょう。

最後の場面でのスイミーの気持ちを色で表す活動をし、交流したとします。この時、交流する相手が、スイミーの気持ちを「黄色」で表したとしましょう。この場合、スイミーの気持ちを「黄色」と表現したのはどうしてか、その理由を推理する過程で、物語の流れや、その子にとっての「黄色」が何を表しているかを考えます。

このように、どうしてそう考えたのか、なぜそう考えたのかを自分なりに推理し、その理由を当てにいく活動を交流の中に盛り込むことで、相手の考えに対する興味や関心をひき出し、**学習に向かう意欲をもたせること**ができます。また、学習課題に対する**自分の考えを見直すきっかけを与えること**もできるので、より明確に、自分の考えをもたせることができます。

この方法を用いる際に注意すべきポイントは、3つあります。

1つ目は、**クイズ形式のやりとりを意識しながら交流するように促す**ということです。交流相手に問題を出題する

かのように自分の考えを提示し、その理由を推理するように促します。ここで相手が「分からない」となった場合は、ヒントを出すようにすることも、交流を活気づける技の一つとして教えておくとよいでしょう。

２つ目は、**個別に交流した流れを、全体交流の場でも生かす**ということです。推理交流を用いた個別の交流を行った後、全体交流の場で、面白いと感じた友達の意見を挙げさせ、個別の交流場面と同様に、推理して当てる活動を行うことで、全体交流を活性化させることができます。

３つ目は、当てるだけで終わらないようにするということです。この交流方法は、推理して当てるという手段を用いますが、それが目的ではありません。推理して当てる活動を通して、互いの考えを共有することが目的です。子どもたちの実態や状況に応じて設定できるようにしましょう。

1 交流相手を見つける
2 相手の考えを予想する
3 自分の考えを予想してもらう
4 全体で交流する
どうでしたか？

推理交流――相手：仲のよい友達以外との話し合いの場を設定することで、新たな発見ができるように促す

「お手紙」（教科書会社全社）

全10時

ねらい

・登場人物の人物像や作品の設定をつかみ、内容の大体を把握する。
・叙述をもとに想像を膨らませ、物語の内容を音読劇で表現する。

●教材について

本教材は、「がまくん」と「かえるくん」が、お手紙をめぐって微笑ましいやりとりを繰り広げる、シリーズものの文学作品です。読み手が思わずつっこんでしまいたくなるような話の展開や作品の設定は、子どもにとって物語の面白さを味わわせるのによい機会になるでしょう。

●本単元のねらい

本単元は、物語を読み、膨らませた想像を、音読劇を通して表現することを、大きなねらいとして掲げています。「がまくん」と「かえるくん」、二人のやりとりの中で、互いの心情がどのように変化しているのかを追うのはもちろんのこと、「かたつむりくん」にお手紙を託すという作品の設定や、「かえるくん」が、お手紙を送ったことや書いてある内容を明かしてしまうという話の展開が、この物語にどのような影響を与えているのかを考えることも面白いでしょう。そうした読み取りを経て、最終的に音読劇として表現することがポイントです。

単元計画

一次

物語の内容を想像し、読んだ感想を交流する

①最初と最後のがまくんとかえるくんが玄関先に座っている挿絵と題名を提示し、どんな内容かを予想する。
②物語を読み、感想を交流する。

二次

物語の内容を捉え、作品の面白さを共有する

③がまくんとかえるくんの人物像を捉える。

④かたつむりくんに手紙を託した判断がよかったかどうかを考え、設定の面白さについて考える。 本時

推理交流を通して、相手がなぜそう考えたのかの理由を予想したり、どうしてその動物を選んだのかを予想したりします。そうすることで、思考の活性を促し、新しい見方を発見できるはずです。

⑤かえるくんが手紙の内容を言ってしまったのはよかったかどうかを考え、物語の展開の面白さを話し合う。
⑥この物語の主人公は、がまくんなのか、かえるくんなのかを考え、議論する。

三次

お気に入りの場面を選び、音読劇をする

⑦グループを編成し、お気に入りの場面を選ぶ。
⑧⑨配役を決めて、音読劇に向けて練習する。
⑩音読劇を発表する。

推理交流 「お手紙」◎仲のよい友達以外との話し合いの場を設定することで、新たな発見ができるように促す

その動物を選んだ意図を探る

【ねらい】 かたつむりくんが適役だったのかを考えることで、設定の面白さについて考える。

①問題意識を共有する

物語の中で、思わずつっこみたくなってしまうところがあったかを問いかけ、かたつむりくんに対する問題意識を共有する。

②学習課題を提示し、自分の考えをもたせ、交流する

お手紙を届けるのに、かたつむりくんが適役だったか、適役ではなかったかを考え、ノートに自分の考えを書かせる。また、適役ではないという考えを選択した場合には、どんな動物にお願いすべきだったかを考えるように促す。

では、これから意見交流をします。色々な友達と交流しますが、もしも相手が、かたつむりくんではなく、「こっちの動物の方がいい！」という考えをもっている場合には、なぜその動物を選んだのか、理由を推理して、当ててみてください。では、1号車と2号車の人たち、3号車と4号車の人たちで交流しましょう。

私はかたつむりくんがぴったりだと思ったよ。なぜかというと……。〇〇

POINT 1 活発な交流場面につなぐ問題意識の醸成

突然本時の課題を提示しても、問題意識が整っていなければ、子どもは、自分の考えをもつことができません。だからこそ、この物語の設定に対して物申したいと思うポイントがないかを問い、問題意識を共有する必要があります。

POINT 2 思考を刺激する、代替役の提案

かたつむりくんが適役でないと判断した場合には、代役として、どんな動物にお願い

君は？

ぼくは、～だと思ったから、かたつむりくんはぴったりではないと思って、鳥君にお願いすべきだと思ったよ。

それでは席に戻って、みんなで交流をしましょう。

交流場面

効果的な交流のためのポイント

交流相手を指定し、あえて普段、交流しないような相手と話し合うように制限を加えることで、緊張感をもちながら交流に臨めるようにすると同時に、新たな発見ができるように促しましょう。

③全体交流を行い、作品の設定について考える

全体で交流する際には、個別での交流と同様に、別の動物がよいと思った子の考えを推理し、当てるように促す。一通り交流を終えたら、作者が「かたつむりくん」にした意図を話し合う。

④話し合いを整理し、本時の学習をまとめる

「かたつむりくん」にお願いすることで作品が面白くなっていることを共有し、作品には工夫を凝らした「設定」があることを確認する。

したらよいかを考えるように促すことで、より高い次元で考えることができます。また、推理交流を用いた交流の場を用意することで、活発な話し合い活動を促すことができるでしょう。

POINT 3 作者の側からの捉え直し

かたつむりくんは適役でないという方向に話が収束してしまっては、作者の意図があることを理解したり、設定の面白さを把握したりすることができません。なぜ作者はそうしたのか、書き手の側から考え直すことで、汎用性のある読みの力を身につけさせることができます。

推理交流――時間：制限時間を設定することで、緊張感をもって交流に臨めるようにする

「一つの花」（光村図書）

全7時

ねらい

・場面の様子をくらべて読み、物語を読んで感じたことを感想文にまとめる。
・叙述をもとに想像を膨らませ、自分の考えを表現する。

●教材について

本教材は、語り手が、誰の視点にも入り込まず、全体を俯瞰しながら進めていくという三人称客観視点の形式で描かれた戦争文学です。父や母の言動から幼いゆみ子に対する愛情を読むことができます。父親の行動描写や、忘れられたように咲いているコスモスの花という描写から、当時の状況を想像し、考えを膨らませることができます。

●本単元のねらい

本単元は、場面の様子をくらべて読み、学習した感想をまとめることが、単元全体のねらいとして設定されています。本教材が戦争文学であるという点から、子どもにとって馴染みのないところもあると思います。戦争当時の生活がどれほど困窮していたのかということを補足しながら、内容を読み解いていく必要があるでしょう。また、戦争当時と戦争後の様子をくらべて、何がどのように変わっているのかを読み取れるようにすることも重要でしょう。

単元計画

一次

本文を読み、内容の大体をつかむ

①戦争のイメージを色で表すとしたら何色かを考えた後、本文を読んで、イメージした色が変わったかどうかを話し合う。 **本時**

戦争のイメージを色で表し、さらにそのイメージが、物語を読むことで変化したかどうかを話し合います。なぜその色にしたのか、どこからそう考えたのかを推理し、交流することで、物語のもつ雰囲気を自分なりに捉えて表現することができます。また、どこからそう考えたのかを明確にすることで、叙述に即した考えをもてるように促すところもポイントです。

二次

本文を読み、感じたことを交流する

②物語の設定（登場人物・時代背景等）を確認する。
③一番心に残った場面がどこかを考えて交流する。
④お父さんとお母さんのゆみ子に対する愛情は、どちらの方がより強いかを考える。
⑤戦争が終わった後の様子が描かれている第４場面は、戦時中と比べて、何が・どのように変わっているのかを考える。

三次

考えたことをもとに、感想文にまとめる

⑥物語を読んで感じたことを、感想文にまとめる。
⑦書いたものを読み合い、共有する。

推理交流 「一つの花」 ◎制限時間を設定することで、緊張感をもって交流に臨めるようにする

交流を通して、物語のイメージを形にする

【ねらい】色に例えて表現する活動を通して、読後感を交流する。

①戦争のイメージを共有する

戦争のイメージを共有した後、「もしも色で表すとしたら、何色で表すか」を考え、全体で交流する。

②学習活動を確認し、自分の考えをもたせ、交流する

「一つの花」を読み終わった後に、イメージした色が変化したかどうかを考えることを伝え、範読する。本文を読み終わった後、変わったようであれば、変わった色とその理由を、変わっていないのであれば、なぜ変わらなかったのかの理由をノートに書かせる。

では、交流を始めます。自分のノートを持って、自由に交流しましょう。交流相手を見つけて二人一組になったら、じゃんけんをして、勝った方が、自分が考えた色を伝えます。ペアの人は、相手がなぜその色を選び、物語のどの部分からそう考えたのかを推理しましょう。制限時間は3分です。

ぼくは青にしました。

POINT 1 変化の有無を問う

戦争のイメージを色で表現した後、物語を読んで色のイメージが変わったかどうかを考える活動を行うことで、自分の感じ方や捉え方を大切にしながら読後感を表現できるようにしましょう。

POINT 2 多様な考え方に触れる交流の場

なぜその色にしたのかという「理由」と、どこからそう考えたのかという「根拠」を交流する中で、多様な捉え方

交流場面

それってもしかして、〇〇って書いてあるところから悲しさとか暗さをイメージしたからかな。

その通り！　ぼくが考えたのは……。

では、自分の席に戻って、全体で考えを交流しましょう。

効果的な交流のためのポイント

制限時間を3分と設定し、限られた時間の中で交流するように促すことで、緊張感をもちながら意欲的に活動に取り組めるようにしましょう。

③全体で考えを交流する

個別で交流した時と同様に、全体交流の場でも推理交流を行う。その際、もともと考えていた色のイメージから変わったか、変わらなかったのかも同時に発表するように促す。

④話し合ったことを整理し、本時の学習を整理する

物語を読み、率直に感じたことや思ったことを「読後感」と言い、その読後感を大切にしながら作品を読み進めていくことが重要であることを確認し、本時の学習をまとめる。

や考え方にふれ、楽しく交流できる場を設定するようにしましょう。

POINT 3　個別交流を生かした全体交流

個別に交流する場合のみ推理交流を用いるのではなく、全体交流の場でも活用するとよいでしょう。同じ色を選んでも、違う理由を考えていたり、根拠を挙げていたりする児童もいるはずです。教師がそうした考えを拾うことで、全体交流にアクセントを加えていくことも大切です。

推理交流――レベル：交流のレベルを設定することで、活動に向かう意欲を引き出せるようにする

「世界にほこる和紙」

（光村図書）

全8時

ねらい

・中心となる語や文を捉えて、本文を要約する。
・文章構造や内容に着目し、どのような説明の工夫があるのかを考える。

●教材について

本教材は、世界無形文化遺産に登録された「和紙」のよさや歴史について述べられた双括型の説明文です。日本の伝統文化・工芸品としての和紙のよさについてまとめられており、和紙を使ってみてはどうか？　という、読み手に向けてのメッセージ性が強い説明文になっています。

●本単元のねらい

本単元は、中心となる語や文を捉えて、本文を要約することをねらいとして設定しています。文章が初め／中①／中②／終わりの双括型で書かれていることから、どのまとまりに、どんな内容が書かれているかを理解すると同時に、本文の構造（書かれ方）にも着目させて、本文の要約活動に反映できるようにしたいところです。また、伝統文化の中でも、なぜ「和紙」に話題を絞って論を進めているかを考えることで、話題選択の意図を考え、筆者の立場を理解することも大切です。

単元計画

一次

説明文の内容を把握し、筆者の考えに反応する

①伝統工芸品について知っていることを交流した後、題名読みをし、どんな内容が書かれているかを予想する。
②本文を読み、「なるほど！／そうかな？」と思ったことを交流する。

二次

本文の内容を理解し、文章構造を確認する

③筆者が一番伝えたかった主張は何段落にあるかを考え、双括型の説明文であることを確認した上で、文章構造を把握する。
④筆者がより伝えたかったのは、中①と中②のどちらかを考え、議論する。 本時

筆者がより伝えたいと思っているのは、中①か中②かを考え、交流するという活動を設定しています。推理交流を通して互いに考えを予想し、伝え合う活動を組み入れることで、話し合いを活性化させるとともに、新たな考えが得られるようにしましょう。

⑤「和紙」を取り上げた筆者の意図について考える。

三次

本文を要約し、共有する

⑥本文を要約し、「Y（要約）-1グランプリ」をすることを伝えた後、グループに分かれて各段落の要点を確認する。
⑦各段落の要点をもとに、個人で要約文を書く。
⑧書き上げた要約文を読み合い、グランプリを決める。

「世界にほこる和紙」 ◎交流のレベルを設定することで、活動に向かう意欲を引き出せるようにする

一歩踏み込んで推理し、考えの根拠を探る

【ねらい】中①と中②を比較して考えることで、筆者の説明の工夫を捉える。

①前時の内容を確認する

前時で学習したことを振り返り、「中」が２つに分けられていることを確認する。

②中に書かれた内容を確認し、学習課題を提示する

中に書かれた内容を確認した上で、筆者は、中①と中②のどちらをより伝えたいと思っているか、自分の考えをノートに書かせる。

では、これから考えを交流します。ただお互いに考えを伝え合うのではなく、相手がなぜそのように考えたのかを推理してみましょう。5人以上と交流できたらA、3人以上と交流できたらB、2人までだとCです。多くの人と交流できるようにしましょう。

ぼくは中①だと思ったけど、○○さんは、どっちを選んだの？

私は中②にしたよ！

え〜っと、もしかすると、筆者が言っていることが……だから中②の方が伝えたいと思っていると考えたとか？

POINT 1 参加を促す選択型の問い

中①か中②のどちらかを選ばせることで、全員参加を促すことができます。与えられた選択肢の中から選ぶ活動は、自分の意見をもちやすいという利点があります。中①と中②の内容を確認した上で、筆者は、どちらをより伝えたいと思っているのかを自分なりに考えさせることで、学習に向かう意欲を引き出すことができます。

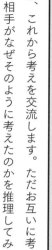

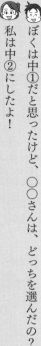

正解！　よく分かったね！
そろそろいいかな。自分の席に戻って全体で交流します。

交流場面

効果的な交流のためのポイント

交流レベルを設定し、それを目標にしながら取り組むように促すことで、交流に向かう意欲を引き出せるようにしましょう。また、多様な捉え方や考え方にふれ、新たな発見ができるようにしましょう。

③全体交流を行い、筆者の工夫について考える

全体で意見交流をした後、なぜ筆者が中を2つに分けて書いたのか、書き手の意図を探る。

④話し合ったことを整理し、筆者の工夫を確認する

中を二つに分けて書くことが、読み手に分かりやすく自分の考えを伝えるための工夫になっていることを確認し、学習内容を整理する。

POINT 2　交流を活気づける理由の推理

推理交流を行う際には、相手がなぜそう考えたのか、理由を予想させます。推理が当たった場合も当たらなかった場合も、推理された側は、自分がなぜそう考えたのかを明確に伝えるように促しましょう。

POINT 3　「筆者の工夫」という整理の観点

中①と中②のどちらかという議論をオープンエンドで終えるのではなく、それぞれの考えを認めた上で、筆者が中を分けて書いた意図を探り、筆者の工夫という観点で整理できるようにしましょう。

推理交流——相手：交流相手を設定し、与えられた制限の中で話し合うことで、緊張感を与える

「大造じいさんとガン」（全教科書会社）

全6時

ねらい

・優れた表現に着目して読み、物語の魅力をまとめる。
・物語の構造を把握し、山場での中心人物の心情変化をつかむ。

●教材について

本教材は、猟師である大造じいさんと残雪とのやりとりが印象的に描かれた文学作品です。美しい情景描写や中心人物である大造じいさんの心の動き、ドラマティック展開していくストーリーラインを読み解いていく中で、物語の魅力を感じ取っていけるようにしましょう。

●本単元のねらい

本単元は、優れた表現を見つけ、場面の展開や大造じいさんの心の動きと重ね合わせて読むことによって、物語の魅力をまとめていくことをねらいとしています。大造じいさんと残雪の攻防を追いながらも、その時々の様子を美しく描き出した情景描写を確認していく中で、作者の巧みな文学表現に気づけるようにしていきましょう。

また、ガラッと変化する大造じいさんの心情を把握し、残雪に対する見方が変わっていることにも着目できるようにしましょう。

単元計画

一次

物語を読み、感想を交流する

①これまで読んだ物語と、学習した内容を振り返る。物語を読み、心に残った場面についての感想を書き、交流する。

二次

物語の構造を理解し、作品を読み解く

②物語の構造（導入 / 展開 / 山場 / 結末）を確認し、山場における大造じいさんの心情変化を捉える。

③山場で起こった事件を境に、残雪に対する大造じいさんの見方がどのように変化したかを色で表す。

本時

大造じいさんの残雪に対する見方の変化を色で表し、それを交流する活動を設定しています。推理交流を通じて、相手がどうしてそう考えたのかを予想し、根拠となる叙述や理由を話し合うことで、より確かな考えを練り上げることができます。

④優れた表現を確認した後、お気に入り表現ベスト３を決めて交流する。

三次

読み取ったことをもとに、物語の魅力をレビューにまとめる

⑤物語の魅力が伝わるようなレビューを考える。

⑥書いたものを共有し、思わず買ってしまいたくなるレビューがどれだったのかを話し合う。

推理交流 「大造じいさんとガン」◎交流相手を設定し、与えられた制限の中で話し合うことで、緊張感を与える

根拠と理由を推理し、考えの幅を広げる

【ねらい】大造じいさんの残雪に対する見方がどのように変化したかを捉える。

①前時の内容を振り返る

前時を振り返り、大造じいさんの心情がガラッと変化した様子を捉えた一文がどれだったのかを確認し、残雪に対する見方が変わったことを確認する。

②学習課題を提示し、自分の考えをもたせ、交流する

大造じいさんの残雪に対する見方がどのように変化したのかを色で表すとしたら、何色から何色に変化したと思うか、自分の考えをノートに書かせる。

では、これから交流します。ノートを持ちましょう。考えを交流する時には、色だけを伝えて、なぜそう考えたのかクイズを出します。クイズを出された方は、どうしてその色で考えたのか、どこからその色だと考えたのかを推理しましょう。男子は女子と、女子は男子と交流します。

私は黒から黄に変化したと思いました。なぜでしょう？

う〜ん。黒は〇〇という理由で、黄は□□という理由かな。

惜しい！ 黒を選んだ理由は合っているけど、黄色を選んだ理由は……。

POINT 1 交流のレベルを上げる手立て

自分の考えをもたせる際には、なぜそう考えたのかという理由とあわせて、どこからそう考えたのかという根拠を明確に示せるように促しましょう。どの叙述をもとに考えたのかという「根拠」が明確にならなければ、ただの空想になってしまいます。こうした機会を通じて、根拠を明確にしながら考える癖づけをしておくことが重要です。

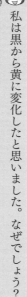

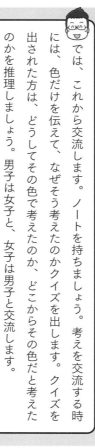

それでは全体で交流をします。自分の席に戻りましょう。

交流場面

効果的な交流のためのポイント

高学年で交友関係が固定的になりがちだからこそ、交流相手を指定し、制限を加えることで、緊張感を与えられるようにしましょう。普段は交流しない相手と意見交換することで、新しい見方や考え方が得られるかもしれません。

③全体交流をする

全体交流をする際にも、なぜその色で考えたのか、発表者が選択した色の理由を、みんなで推理するように促す。

④話し合いを整理し、本時で考えたことをまとめる

色のイメージは人によって異なるが、残雪に対するマイナスな見方がプラスの見方に変化していることについては、全員共通していることを確認する。学習をまとめる際には、中心人物が、何をきっかけとして、どのように変化したのかを見取ることが大切であることを伝える。

POINT 2 散漫な交流を防ぐための焦点化

おそらく子どもからは、複数の色で考えてもよいかという質問が出てくると思いますが、単色で表現するようにした方がよいでしょう。一色に絞って考えた方が、焦点化して考えることができ、共有化しやすいからです。

POINT 3 考えの共通項を見つけて集約する

様々な色が出てきますが、マイナスからプラスに転じていることは、全員に共通しているはずです。そうした考えの共通項を見出して、話し合いを整理することが必要です。

助言交流

●アドバイスを送り合い、考えを共有する

【こんな時に】書くことに抵抗を感じていたり、よりよい考えを練り上げたりする時

【ねらい】アイデアを得て、よりよい取り組みができるように促す

この方法は、相手がもっている考えに対してアドバイスを送ったり、自分がもった考えに対するアドバイスをもらったりして、**互いに意見を共有する方法**です。

書く活動では、ほぼ必ず、推敲の過程が含まれています。

推敲では、自分が書いた文章を読み直し、改善点を見つけて修正します。この推敲の過程を他者と共有し、加除・修正を加えていくことを交流活動に含めれば、よりよい文章を書くことができるはずです。

「読むこと」の学習単元では、説明文であれ、物語文であれ、三次で読み取ったことをまとめる表現活動を行います。そこでは、自分の知識や経験、調べたことや学んだことを結びつけながら、感想文をまとめたり、説明文を書いたり、リーフレットを作ったりすることがあると思います。

そうした過程では、書くことに抵抗を感じない子と、書くことが難しく、なかなか自分の考えを書き出せない子に分かれてしまうことがあるでしょう。

また、学級や学年、学校の実態によっては、書く活動に一人で取り組ませることが困難な場合もあるでしょう。そ

んな時、互いにアドバイスを送り合い、どんなことを書けばよいかをシェアする機会をもつことができると、書き出すことが難しい子もヒントを得ることができます。

また、こうした交流方法は、二次で行う読み取りの過程でも活用することができます。学習課題に対する自分の考えが分かりやすく書けているかどうかを他者の目からチェックしてもらい、全体での交流に臨めるようにすれば、**自信をもって自分の意見を発言できるようになる**はずです。

この方法を用いる際の注意すべきポイントは、**アドバイスの観点を焦点化したり、アドバイスの仕方を具体的に示したりすること**です。交流の時間を設定し、いざアドバイスを送り合う……となっても、どのような観点で、どのようにアドバイスを送ればよいかが曖昧になっていると、交流しても時間だけが過ぎ、価値ある意見交換の場にすることができません。また、発達段階によっては、「相手にアドバイスを送る」という活動自体、難しい場合があるかもしれないので、**お手本を見せて、取り組み方の具体例を提示する**ことも必要でしょう。

1 アドバイスの観点や仕方を共有する
2 アドバイスを送る
3 アドバイスをもらう
4 再度自分の考えを練り直す

助言交流――相手：隣とペアで交流するように指定することで、時間をかけてゆっくり考えを共有できるようにする

「たんぽぽのちえ」

（光村図書）

全10時

ねらい

・順序に気をつけながら読み、書かれている内容を理解する。
・自分の知識や経験にひきつけながら読み、読み取ったことを自分の言葉でまとめる。

●教材について

本教材は、たんぽぽがどのような工夫をしながら命をつないでいくのかが、「ちえ」という言葉で分かりやすくまとめられています。時間を表す言葉や、接続語を用いて、たんぽぽが綿毛を飛ばすまでの様子が述べられており、子どもの興味をひく理科的な内容になっています。

●本単元のねらい

本単元は、順序に気をつけながら読む中で、たんぽぽがもっている「ちえ」が、どのようなものなのかを把握し、理解することをねらいとしています。「春になると」や「二、三日たつと」といった時を表す言葉に気をつけ、時間的な順序を確認しながら読んだり、「けれども」や「このように」といった接続語を確認し、各段落で説明されている内容を把握したりすることが必要です。また、書かれていることを理解し、把握するだけでなく、自分の知識や経験にひきつけながら読んだり、驚きや感動を共有しながら読んだりすることも大切です。

単元計画

一次

説明文を読み、内容の大体を把握する

①たんぽぽについて知っていることを交流した後、ランダムに提示した挿絵の並べ替えをする。

②題名読みをして、内容を予想した後、本文を読んで、初めて知ったことや驚いたこと、疑問に思ったことを共有する。

二次

順序に気をつけながら読み、知恵と理由を読み取る

③④いくつの知恵が書かれていたかを振り返り、挿絵を使って順番と内容を確認する。

⑤⑥知恵と理由を結びつけながら読む。

⑦一番すごいと感じた知恵を選び、理由を交流する。

三次

読み取ったことをもとに、「たんぽぽカード」をまとめる

⑧⑨「ここがスゴいぞ！　たんぽぽカード」をまとめる。

本時

たんぽぽカードをまとめる際には、「A：自分が一番すごいと思った知恵を書く」「B：すごいと思った知恵をベスト3のランキング形式で書く」のどちらかから選んで取り組めるようにします。書いていく過程で、困っていることを交流したり、書いているものを読み合って助言を送り合ったりする際に、助言交流を用いると効果的です。

⑩書き上げたものを共有し、読み合う。

助言交流 「たんぽぽのちえ」◎隣とペアで交流するように指定することで、時間をかけてゆっくり考えを共有できるようにする

助言を送り合い、書くことへの抵抗感をなくす

【ねらい】これまで読んできたことや前時で考えたことをもとに、自分なりに表現する。

①前時の内容を振り返る

前時の授業を振り返り、たんぽぽの知恵の中で一番すごいと感じたものが何だったかを共有する。

②活動を提示し、どちらに取り組むかを決める

これまで学習してきたことを生かしながら、1年生に向けて「ここがすごいぞ！たんぽぽカード」を作成することを伝える。2種類の書き方を提示し、どちらか選択して取り組む。「A一番すごいと思った知恵を選び、理由と思ったことを書く」「Bたんぽぽのすごいところベスト3を考えて、理由と思ったことを書く」のうち、どちらか選択したら、活動に取り組む。

では、一旦交流の時間をとります。自分のワークシートを持ち、最初に隣の人と交流します。書いていて難しいなと感じるところがあれば、相手からアドバイスをもらいましょう。難しいと感じるところがない場合は、お互いに書いているものを読み合い、ここがいい！と思うところを伝え合いましょう。隣の人との交流が終わったら、自由に交流しましょう。

POINT 1 表現活動の複線化

子どもによって、書くことが苦手だったり、得意だったり、実態は異なります。そこで、表現活動を複線化し、取り組みたいと思うものを選ばせることによって、無理なく楽しく書く活動に取り組むことができるはずです。また、選択肢を用意することで、書くことに対する意欲をひき出すこともできます。

交流場面

Bにしたんだけど、3位をどちらにしようか迷ってて……。

どれとどれで迷っているの？

自由に交流している人は戻りましょう。全体で交流します。

効果的な交流のためのポイント

最初に隣の人との交流を行ってから自由に交流するように促すことで、時間をかけてゆっくり考えを共有できる場を設けられるようにしましょう。多くの友達と交流し、色々な考え方にふれるより、じっくり相談し合える場を設定することが大切です。

③交流した内容をもとに、再度書く活動に取り組む

全体交流では、誰のどんな書き方がよかったかを発表してもらい、書き方の好例として紹介する。どのような書き方がよいかを共有した後、再度書く時間を設定し、活動に取り組むように促す。

④活動を振り返り、次時につなげる

書く時間が次時で終わることを伝え、見通しをもてるようにする。

POINT 2 目的意識・相手意識・こと意識の明示

表現活動に取り組む際、1年生に向けて書くことを説明します。取り組みの目的、伝える相手、まとめる内容を明示し、三つの意識を心に留めながら活動に取り組めるように促しましょう。

POINT 3 個別交流を生かした全体場面での共有

アドバイスを送り、情報を共有したら、全体場面でも共有することが大切です。誰の、どんな書き方、まとめ方がよいと感じたのかを全体でも共有することによって、どのように書けばよいかという指標をもたせることができます。

助言交流――手段：教科書を手元に用意し、叙述と照らし合わせながら動きを確認できるようにする

「ありの行列」

（光村図書）

全7時

ねらい

・書かれている事柄や説明のつながりを把握し、段落相互の関係性を理解する。
・自分の既有知識に結びつけながら内容を理解し、読んだ感想をまとめる。

●教材について

本教材は、研究者であるウイルソンが、「あり」が行列を作る謎を実験と観察、考察を繰り返していく中で突き止めていくという理科的な内容で構成された説明文です。日常的によく見かける「あり」を題材とした内容であるからこそ、子どもの興味・関心をひく教材であると言えます。

●本単元のねらい

本単元は、各段落で説明されている事柄や段落相互のつながりを意識しながら読む中で、自分の既有知識と結びつけて、初めて知ったことや驚いたことを感想としてまとめるというねらいです。本文を読み、ウイルソンが行った実験や観察、考察の過程を辿っていく中で、書かれている情報を読み取って、そこからどんなことを感じたのかを共有できるようにすることが大切です。最終的には、自分が感じたことや思ったことを、感想文としてまとめられるように、意見交流の場を充実させましょう。

単元計画

一次

説明文を読み、内容の大体をつかむ

①ありについて知っていることを共有した後、本文を読み、初めて知ったこと／驚いたこと／不思議に思ったことを共有する。

二次

文章構造を把握し、段落ごとの内容を理解する

②問いの文を確認し、文章をはじめ／中／終わりに分けた後、ウイルソンが行った実験がいくつあったかを確認する。
③１つ目の実験を「あり」になって動作化し、内容を確かめる。
④２つ目の実験を「あり」になって動作化し、内容を確かめる。

本時

「あり」になりきっての動作化は、書かれていることをもとに、班のメンバーで協力しながら行います。2班を１つのグループとし、助言交流を通して互いにアドバイスを送り合うことで、本文の内容に沿った正しい動作化ができるように促しましょう。

⑤２つの実験と研究からウイルソンが導いた結論を確認し、行列ができる理由を理解する。

三次

思ったことや感じたことを感想文にまとめる

⑥読み取ったことをもとに、感想文をまとめる。
⑦書き上げたものを共有し、読み合う。

助言交流「ありの行列」◎教科書を手元に用意し、叙述と照らし合わせながら動きを確認できるようにする

アドバイスをもとに、動作化に修正を加える

【ねらい】動作化することを通して、本文の内容を理解する。

①前時の内容を振り返る

前時に学習した内容を振り返り、ウイルソンが行った実験が2つあったことを改めて確認する。

②本時のめあてを提示し、取り組み方を確認する

1つ目の実験に焦点を当てて考えることを確認する。班のメンバーで「あり」になり切って動作化することで、ウイルソンがどのような実験を行ったのかを確かめることが本時のめあてであることを伝え、各班で活動を始めるように声かけをする。

（練習時間をとる）

では、次に、班同士で見合って、アドバイスを送り合う時間をとります（二班で一グループとなるように編成する）。お互いの動きを見合って、よいなと思うところと、こうした方がよいなと思うところを伝え合いましょう。伝え合ったら、そのアドバイスをもとに、直した方がよいところを班の中で話し合いましょう。

POINT 1 内容理解を促す動作化

どれだけ内容を理解しているかを把握する上で有効な手立てが、動作化です。動作化することで、理解度を可視化することができます。また、文章を読んで「あり」の様子を客観的に把握するだけでなく、動作化を通じて、「あり」そのものに同化することで、理解を深めることができます。

POINT 2 効果的な交流につながる助言の焦点化

互いにアドバイスを送り合

交流場面

1班さんは、○○君の動きが本文に合っていてよかったよ。

2班さんの動きは、全員が書かれていることをもとにして動けていたから、とても分かりやすかったよ。

では、もらったアドバイスをもとに、もう一度動き方を確認しましょう。

効果的な交流のためのポイント

互いの動きを確認する際には、教科書を手元に用意し、叙述と照らし合わせながら動きを確認するように促すことで、修正点を明確にし、確かなアドバイスを送れるようにしましょう。

③グループで交流したことをもとに全体で共有する

全体交流を行う際には、お手本となるような班に出てきてもらい、全体の前で動作化してもらい、どんなところがよかったのかをクラス全体で共有できるようにする。

④本時の活動を振り返り、次時の内容につなげる

動作化を通して、内容理解を深めることができたことを確認した上で、次時は、2つ目の実験の内容を動作化することを伝える。

う際には、よかったところと、さらにこうした方がよいと思ったところという二つの観点からアドバイスを送り合うようにすることで、曖昧な意見交流にならないようにすることが大切です。

POINT 3 班別の交流を生かす全体共有の仕方

全体交流の場では、本文と一番ぴったりだったところやよかったところを共有し、どこにどのように書かれていたか、叙述を確かめることで、本文の内容理解を促せるようにしましょう。

助言交流 ——— 手段：友達のアドバイスを赤鉛筆で書き込むことで、助言を可視化できるようにする

「帰り道」（光村図書）

全4時

ねらい

・視点の違いに着目して読み、感想をまとめて、伝え合う。
・それぞれの人物像や心情の変化をつかみ、作品の面白さを考える。

●教材について

本教材は、同じ出来事が二人の視点から描き分けられた、読み手の関心を引く文学作品です。登場人物である律と周也、それぞれが共に過ごした時間の中で何を思い、何を感じていたのかを読み取っていく中で、二人がどのように心を通わせていったのかを楽しみながら読むことができる物語です。

●本単元のねらい

本単元は、物語を進めていく視点の違いに着目して読み、感じたことや思ったことを感想としてまとめることをねらいとしています。律の視点から描かれた「1」と、周也の視点から描かれた「2」を比較し、それぞれがどのときに、どのような思いで居たのか、何を感じていたのかを把握することで、想像を膨らませながら読むことができます。また、叙述をもとに、二人の関係性がどのように変化したのかを考えることで、両者の心の動きを捉えることも大切です。

単元計画

一次

物語を読み、作品の面白さを共有する

①物語を読み、これまで読んできた物語と違うことは何かを話し合い、感想を共有する。

二次

それぞれの視点で内容を整理し、人物像や心情の変化をつかむ

②律と周也、それぞれの人物像を捉え、心情が大きく変化する転機となった出来事を確認する。

三次

思ったことや感じたことを文章にまとめる

③「この物語のここが○○！」という形式を与えて感想をまとめる。

本時

物語を読んで感じたことを焦点化して書くことができるように、感想を書く際の視点を与える。○○にどんな言葉を入れ、どのようなことを書くのかを友達と交流し、アドバイスを送り合うようにするために、助言交流を活用します。感想として、何を、どのような内容でまとめるかを友達と共有することで、意欲的に書く活動に取り組めるように促すことが大切です。

④まとめた感想を互いに読み合い、共有する。

助言交流 「帰り道」 ◎ 友達のアドバイスを赤鉛筆で書き込むことで、助言を可視化できるようにする

感想の視点や内容に関するアイデアを共有する

【ねらい】 物語を読んで感じたことや思ったことを焦点化して感想にまとめる。

①前時までに確認したことを振り返る

物語が律と周也、それぞれの視点から書かれていることや、それぞれの人物像が特徴的だったことなど、前時までに学習したことを振り返り、作品のよさが様々あることを強調しておく。

②学習活動を提示し、取り組み方を確認する

本時で取り組む学習活動を提示し、取り組み方を確認する。「この物語のここが○○!」というフォーマットを使って感想をまとめることを伝え、まずはメモ程度に○○に何を入れるかをノートに書くように促す。

では、これから交流します。ノートと赤鉛筆を持ちます。8分ほど時間をとるので、なるべく多くの人と考えを共有しましょう。交流する時には、相手の考えを聞いて、よいなと思ったところ、さらにこうした方がよいのでは?と思ったところを伝えるようにしましょう。友達からアドバイスをもらったら、そのアドバイスを赤鉛筆でノートに書き込んでおきましょう。

POINT 1 物語のよさの共有

前時までで学習した内容を振り返り、この物語に組み込まれているしかけや、書き方の工夫を確認することで、物語のよさを共有できるようにしましょう。そうすることで、どんな観点で感想を書くかを決める材料を得ることができます。

POINT 2 感想の観点の焦点化

「この物語のここが○○!」という定型を与えることで、

ぼくは、〇〇に「おもしろい」を入れて、それぞれの視点から書かれていることをまとめようと思っているよ。

私もそうしようと思っていた！　感想をまとめる時には……。

それでは自分の席に戻りましょう。

交流場面

効果的な交流のためのポイント

交流を通して友達からもらったアドバイスを赤鉛筆でノートに書き込み、助言内容を可視化することで、感想をよりよいものに書き上げられるように促すことがポイントです。

③交流したことをもとに、感想を書く

友達からもらったアドバイスや、交流する中でひらめいたアイデアをもとに、感想を書く。

④本時の活動を振り返り、次時の内容につなげる

本時の活動を振り返った後、次時では、書き上げた感想を読み合い、共有することを予告しておく。

自分が感じたことや思ったことを焦点化して書かせることができます。焦点化して書くように促すことで、物語を読んで感じたことや、伝えたいと思うことを明確にしながら書くことができます。

POINT 3 交流時間の調整

交流時間を十分にとることも大切ですが、本時では、自分なりにじっくり考えながら感想を書けるようにすることも大切です。書く時間を十分にとれるように、交流時間を調整することも視野に入れておきましょう。

問答交流

●質疑応答を通して意見を明確にする

【こんな時に】考えが曖昧で、はっきりしていない状態が生まれた時

【ねらい】自分の考えを確かなものにして、意見を明確にする

この方法は、交流する相手に対して、どのような考えをもったのか、どこからそう考えたのか、どうしてそう考えたのかなどを質問し、**様々な角度からツッコミを入れていくことで、相手の考えを引き出していく方法**です。

イメージとしては、**インタビュー形式のやりとりを交流の中で実現する**ということです。**二人一組のペア**になり、インタビューをする側とインタビューを受ける側に役割を分けて、質疑応答のやりとりをします。

質問を投げかけ、突っ込んでいく側はもちろんのこと、突っ込まれる側にとっても、自分の考えを明確にしていくチャンスです。授業の中でノートやワークシートに書いた自分の考えがはっきりとせず、曖昧でモヤモヤとした状態になることは少なくありません。

そうした状況にある場合は、この方法を用いて確かな考えをもつように促すことが、有効です。一方で、この方法は、突っ込む側にも質問する力が求められることから、相手の意見に反応し、切り返す力がもてるように促すことも必要です。かと言って、何も指示や助言がない状態で取り組むことは難しいでしょう。問答交流を行う際には、**どのような手順で、交流相手に対して、どのような質問を投げかければよいかということを明示する**ことが大切です。

3年生で学ぶ文学教材「ちいちゃんのかげおくり」を例に、具体的に考えてみましょう。劇中に出てくる2回の「かげおくり」を比べて、(1 or 2)回目の「かげおくり」の方が○○という定型句を与えて、2つの場面の様子を比べる授業を行うとします。

最初にインタビューを受ける側が、「○回目の『かげおくり』の方が○○だと思いました」とだけ言い、インタビューをする側が、なぜそう思った(理由)のか、どこからそう思った(根拠)のかを質問する……というように、交流の手順や内容を具体的に提示することで、誰もが無理なく取り組むことができます。

発達段階を踏まえると、**中学年以上で効果的に活用することのできる方法**かと思いますが、交流の仕方や質問の内容を限定し、具体的に示すことができれば、低学年でも十分実施できる方法です。

1 取り組み方を確認し、二人一組になる
2 AからBにツッコミを入れる
3 BからAにツッコミを入れる
4 全体で意見を交流する
どうでしたか?

問答交流――時間：時間に制限を加えることで、緊張感をもちながら活動に取り組めるようにする

「じどう車くらべ」（光村図書）

全8時

ねらい

・問いと答えの形式や、事例を紹介して述べるという説明文の基本構造を押さえる。
・「しごと」と「つくり」に分けて説明するという表現方法を理解し、活用できるようにする。

●教材について

本教材は、バスや乗用車、トラック、クレーン車が例として挙げられており、それぞれの自動車がもつ「仕事」と「つくり」について述べられています。どの自動車が、どんな働きをもっていて、どのようなつくりになっているのかを把握した上で、自分で説明文を書くという単元構成になっています。

●本単元のねらい

本単元は、説明の順序に気をつけながら読み、どこに何が書かれているかを把握した上で、自分が選んだ自動車について説明文を書くという流れが設定されています。最終的に同じような形式で説明文を書く活動が設定されているからこそ、それぞれの自動車について、「仕事」と「つくり」がどのように書かれているかを理解し、文章表現の仕方を把握しておくことが必要です。また、子どもにとって馴染みのある自動車を例に出して、比較させながら考えることも、本文の内容理解を促す上で有効な手立てとなるでしょう。

単元計画

一次

本文を読み、内容の大体を把握する

①自動車について知っていることを交流する。バスと乗用車、トラック、クレーン車の挿絵を提示し、既有知識を引き出す。
②本文を読み、既有知識とつなげながら感想を書く。

二次

書かれている内容を理解する

③問いと答えの形式や、紹介されている３つの自動車が事例として挙げられていることを確認する。
④事例それぞれが、「しごと」と「つくり」に分かれて説明されていることを確認し、事例の内容を把握する。
⑤どの自動車が一番すごいと感じたかを考える。

本時

一番すごいと感じた自動車がどれかを考え、交流する活動をします。どの自動車がすごいと思ったのか、なぜそう思ったのか、ほかと比べてすごいと感じたところはどこだったのかを質問形式でやりとりする場を設けることで、考えたことを精緻化し、より確かな考えを練り上げることができるでしょう。

三次

思ったことや感じたことを文章にまとめる

⑥はしご車のイラストを提示し、「しごと」と「つくり」を整理し、本文に入れるとしたら、どこかを考える。
⑦はしご車の「しごと」と「つくり」を文章化する。
⑧書いた文章を互いに読み合う。

問答交流「じどう車くらべ」◎時間に制限を加えることで、緊張感をもちながら活動に取り組めるようにする

なぜそれを選んだのかをインタビューする

【ねらい】 一番すごいと感じた自動車を考え、交流する活動を通して、事例の順序性を考える。

①事例と説明内容に着目させ、意欲を引き出す

本文に書かれている内容をもとに「しごと・つくり」クイズを出題し、本文で紹介されている3種類の自動車を確認する。

②学習課題を提示し、自分の考えをもたせ、交流する

3つの自動車のうち、どの自動車が一番すごいと感じたか、自分の考えをノートに書かせる。その際、仕事やつくりに注目しながら書くように促す。

③考えを交流する

それでは、これから交流の時間をとります。交流は隣の友達と二人一組でします。まずは、インタビューする人と、インタビューされる人を決めます。インタビューする人は、何を選んだのか、どうしてそれを選んだのか、ほかの二つを選ばなかったのはどうしてかを聞いてみましょう。答え終わったら、今度は役割を交代して同じようにやってみましょう。時間は3分です。

どの自動車が一番すごいと思いましたか？

POINT 1 交流の活性につながる学習課題

「一番すごいのはどれか」を決める発問を投げかけることで、3つの事例を比較して考えることができます。その際、これまで読んできた「しごと」や「つくり」に着目しながら理由を考えられるように促すことが大切です。文章中に根拠を置きながらも、自分の感じ方で「一番」を選べるようにしましょう。

交流場面

ぼくが一番すごいなぁと思ったのは、クレーン車です。

どうして一番すごいと思ったんですか？

時間になったので、今度はみんなで交流しましょう。

効果的な交流のためのポイント

制限時間を3分と設定し、限られた環境の中で取り組むように促すことで、緊張感を保ちながら、集中して話し合えるようにしましょう。

④全体で考えを交流し、思考をゆさぶる問いを投げかける

全体で意見交流をした後、選択した人数が多かった順に並び替えた方がよいのではないかという問いを投げかけ、思考にゆさぶりをかける。順番を変えてはいけないという発言を引き出したら、なぜ筆者がこの順番で紹介しているかを考え、書き手の意図を探る。

⑤話し合ったことを整理し、本時の学習をまとめる

筆者が何かしらの意図をもちながら書いていることを確認した上で、紹介されている事例の順序にも筆者の書き方の工夫があることを共有する。

POINT 2 具体的な交流手順の提示

低学年で問答交流を用いる際には、問う内容や問い方を明示することが大切です。また、状況によっては、全体の場で、模範を示すことも必要でしょう。どうすればよいのか、全員が分かるように示すことが大切です。

POINT 3 筆者の意図を探る

意見が多く集まった自動車を持ち出し、「順番を変えた方がよいのでは？」と思考をゆさぶることで、どうしてこの順番に並べたのか、筆者の意図を考えることができます。

問答交流――相手：ペアで交流することで、じっくりと時間をとって話し合えるようにする

「モチモチの木」（教科書会社全社）

全10時

ねらい

・性格を表す言葉や、気持ちを表す言葉に着目し、登場人物の人物像や心情変化を把握する。
・比喩や擬人表現、語りに着目し、物語の面白さをつかむ。

●教材について

本教材は、中心人物である豆太の人物像や心情変化が印象的に描き出された文学作品です。勇気のある子にしか見られないという「灯がともったモチモチの木」を見ることができた豆太ですが、その後再び、じさまを小便に起こしてしまいます。そうした物語の展開や、比喩表現、擬人法、語り手の語りから、想像を膨らませて読むことができる作品です。

●本単元のねらい

本単元は、性格を表す言葉や、気持ちを表す言葉に着目しながら読み、登場人物の人物像をつかむとともに、中心人物の心情変化をつかむことをねらいとしています。３年生の最終単元として扱う文学教材だからこそ、これまで学習してきたことを生かしながら読めるようにしていくことが大切です。また、本教材は、各所に比喩や擬人表現が散りばめられています。そうした表現方法にも着目できるように授業を工夫していくことが必要です。

単元計画

一次

本文を読み、物語の内容を把握する

①挿絵と題名から物語の内容を予想する。
②本文を読み、予想と比べながら感想を書く。

二次

中心人物・豆太の様子を追いながら物語を読み解く

③「おくびょう豆太」を読み、作品の設定や語り手を把握する。
④「やい、木ぃ」を読み、豆太の人物像をつかむ。
⑤「霜月二十日のばん」を読み、豆太の心情を捉える。
⑥「豆太は見た」を読み、豆太が勇気を出すことができたわけについて話し合う。
⑦「弱虫でも、やさしけりゃ」を読み、豆太が変わったかどうかについて考える。

本時

豆太が変わったかどうかを問う発問を投げかけ、変わったかどうかが明確に判断しづらいという発言を引き出した後、豆太の変化を４段階で表現する活動をします。豆太はどの程度変わったと言えるのかを考えるに当たっては、問答交流を通して活発に交流できるように場を整えることが効果的です。

⑧「モチモチの木」の面白さについて話し合う。

三次

読んだり話し合ったりしたことをもとに紹介文を書く

⑨モチモチの木の面白さを紹介文にまとめる。
⑩書き上げた紹介文を互いに読み合い、共有する。

問答交流 「モチモチの木」◎ペアで交流することで、じっくりと時間をとって話し合えるようにする

理由と根拠を引き出すツッコミを入れる

【ねらい】4段階のスケーリングを用いて、豆太の変容について考える。

①「じさまクイズ」で、豆太の様子を振り返る

豆太がじさまを呼ぶ時の呼び方の違いをもとに、「じさまクイズ」を提示し、答える中で、物語の最初も最後も小便に行くために、豆太がじさまを起こしている姿があることを確認する。

②学習課題を提示し、自分の考えをもたせる

豆太は、物語の中で変わっていないのではないか?という問いを投げかけた後、豆太の変化を4段階で表すとしたら、いくつだと思うか、理由も合わせて自分の考えをノートに書かせる。

③考えを交流し、共有する

では、これから交流の時間をとります。隣の人と二人一組になり、話し手と聞き手に分かれます。最初に話し手がいくつを選んだのかだけを伝えます。次に、聞き手が話し手に、なぜそう考えたのか、どこからそう考えたのかを尋ねます。

POINT 1 意欲を引き出す導入の工夫

本時の導入部分では、「じさまクイズ」を設定しています。物語を振り返り、どんな内容だったのかを確認するという目的もありますが、豆太がじさまを小便に起こしている行動が変わっていないことを確かめ、問題意識を醸成するという目的もあります。問題意識をひき出し、本時の学習課題に結びつけていくことが大切です。

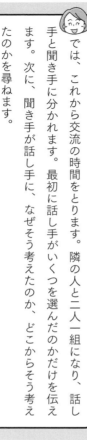

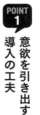

ぼくは3にしたよ。

どうして3にしたの？

この物語の中で豆太は……。

どのペアも終わったようなので、全体で交流をします。

交流場面

効果的な交流のためのポイント

隣と二人一組のペアで取り組むように促すことで、移動時間を省いてじっくり交流に取り組めるようにします。交流した後に、相手の考えに納得できたかどうかを共有するのも交流を活気づけるのに効果的です。

④全体で考えを交流する

全体で意見を交流する際には、理由と根拠の両面から自分の考えを発表できるように促す。

⑤話し合ったことを整理し、本時の学習をまとめる

最終的に豆太が変わりきれたかどうかははっきりしないところもあるが、腹痛事件をきっかけとして、大切な人のために勇気を出せる子になったことを確認する。学習をまとめる際には、中心人物の変化を追いながら作品を読んでいくことが、ポイントとなることを押さえる。

POINT 2 活発な交流につなぐ学習課題の提示

豆太は変わったと言えるかどうかを問うと、子どもからは、変わったとも言い切れないが、変わっていないとも言い切れない……といった、はっきりしない反応が返ってくるはずです。そうした反応や葛藤をキャッチして、本時の課題を示すようにしましょう。

POINT 3 効果的な交流を生み出すためのツッコミ

交流をする際には、より説得力のある意見にするために、「理由」だけでなく、どこからそう考えたのかという「根拠」を引き出せるようにしましょう。

問答交流 ―― 相手：交流相手を指定することで、緊張感をもちながら交流に取り組めるようにする

「固有種が教えてくれること」（光村図書）

全6時

ねらい

・資料を用いて書くことの効果について考える。
・文章の構造を把握し、文章表現に関する筆者の工夫を読み解く。

●教材について

本教材は、図や表、イラスト（非連続型テキスト）が数多く用いられている論説型の説明文教材です。初め／中①／中②／終わりの双括型で文章が構成されています。文章と資料の関係性を読み取ったり、批評したりしながら読むことのできる特性をもった教材であると言えるでしょう。

●本単元のねらい

本単元は、資料を用いた文章の効果を考え、それを生かして書く力をつけることを大きなねらいとしています。資料を用いて書く活動については、本教材と複合単元になっている「グラフや表を用いて書こう」と合わせて取り組むことになります。本教材を扱うに当たっては、資料を用いることの効果を考えたり、資料を用いることの是非を考えたりすることが大切です。そうすることで、資料を用いて文章を書くことのよさを確認しつつも、用いる資料の妥当性についても考えることができます。

単元計画

一次

本文を読み、内容を把握する

①外来種と固有種を分ける分類ゲームをし、題名読みを通して本文の内容を予想した後、本文を読み、内容を確認する。

二次

本文と資料を対応させながら読む

②筆者の主張が書かれている段落を確認した後、中を2つに分けるとしたら、どこで分けられるかを話し合う。
③どの段落に、どの資料が入っていたかを確認した後、「資料2」以外は外してもよいかどうかについて話し合う。
④脚注扱いになっている写真と、本文中での資料扱いになっている写真を比較することで、資料を用いる際の筆者の意図について考える。
⑤「絶対に必要な資料ベスト5」で、資料をランキングづけする。

本時

なぜその順位にしたのか、どうしてそう考えたのかについて、問答交流を通して意見を交わすことで、思考のズレを浮き彫りにし、考えの違いや捉え方の違いを感じさせ、思考の活性を促すことができます。

三次

筆者の主張をまとめ、要旨をつかむ

⑥読み取ってきたことをもとに、要旨を150字以内でまとめる。

問答交流 「固有種が教えてくれること」

◎交流相手を指定することで、緊張感をもちながら交流に取り組めるようにする

ツッコミを通して、考えを掘り下げる

【ねらい】資料をランキングづけする活動を通して、批判的に考えられるようにする。

①前時で学習した内容を確認する

前時で話し合った内容を振り返り、どのようなことを学習したのかを確認する。

②学習課題を提示し、自分の考えをもたせる

本時で取り組む学習課題（この説明文に絶対必要だと思う資料ベスト5を考えよう）を提示し、自分の考えをもたせる。その際、1位と5位の資料については、理由も書くことを伝え、書く時間をとる。

③意見交流を通して、友達と考えを共有する

それでは、これから交流します。自分のノートを持って、色々な人と交流しますが、1から4班の人たち同士で、5から8班の人たち同士で交流します。ジャンケンをして、勝った方は、最初に1位から5位までどれを選んだのかを伝えましょう。負けた方は、どうしてその順位にしたのか、ツッコミを入れて、理由を聞き出します。交代して、同じように行いましょう。

私は、1位を〇〇、2位を……にしました。

POINT 1 交流につなぐ理由の限定

ノートに自分の考えを書かせる際には、1位と5位のみ理由を書くように促しています。1位と5位は、言い換えれば、一番必要だと思った資料と一番必要ないと思った資料ということになります。どうしてそう考えたのか、明確に言語化することで、自分の考えを整理することができるでしょう。

交流場面

どうして1位は○○にしたの？

1位にした理由は……。

じゃあ、□□を2位にしたのは？

では、そこまでにして、自分の席に戻りましょう。

効果的な交流のためのポイント

交流相手を指定し、あえて制限をかけることによって、緊張感をもたせることができます。また、交流する際には、自分の考えとの共通点や相違点は何なのかを考えさせるのもよいでしょう。

④全体で考えを共有し、本時の学習をまとめる

全体交流では、自分の考えと友達の考えとの間に、どのような違いがあるのかを考えながら聞くように促す。様々な捉え方を共有した上で、批評の視点をもちながら読むことが大切であることを伝えて、本時の学習をまとめる。

POINT 2 読み手目線からの評価

読み手の目線から資料の必要性を吟味し、話し合わせることで、情報を受け取る側にとって必要な資料は、どんな要素を含んでいるのかを考えることができます。

POINT 3 交流の活性を促す相違点への着目

1位から5位までをランキングづけし、考えを交流する中で、必ず相違点が出てくるはずです。そうした相違点が見えた時に、どうしてそのような受け取り方の違いが生じたのかについて考え、話し合うことで、より深く考えることができるはずです。

問答交流――手段：ふせんを用いることで、より充実した交流の場を設定できるようにする

「たずねびと」（光村図書）

全6時

ねらい

・中心人物の人物像や、心情の変化を読み解き、物語の全体像を捉える。
・物語を読んで感じたことや思ったことを、自分の言葉で感想文にまとめる。

●教材について

本教材は、中心人物である綾が自分と同じ名前をもった楠木アヤという人物を求めて広島に足を運ぶ中で、戦争に対する見方や考え方が変わっていく様子を描いた文学作品です。広島に行く前と行った後の綾の変化を追っていく中で、戦争の捉え方が何をきっかけとして、どのように変化したのかを話し合えるように、学習の場を工夫しましょう。

●本単元のねらい

本単元は、綾の人物像や、心情変化を読み解いていく中で、物語の全体像を捉え、感じたことや考えたことを伝え合うことをねらいとしています。その際、川の描写に着目し、綾の戦争に対する見方や考え方が、どのように変化したのかを追うことが大切です。広島に行く前と後で綾の戦争の捉え方がどう変化したのかを考えると同時に、読み手自身も、この教材を読む前と後で、何がどのように変化したのかを感想文にまとめられるようにしましょう。

単元計画

一次

物語を読み、感じたことを話し合う

①原爆ドームの写真を見て、知っていることを共有し、題名読みをした後、教師の範読を聞き、縦軸：暗い／明るい・横軸：温かい／冷たいを用意し、四象限の中からぴったり合うものを選ぶ。

本時

物語を読み、自分の感じ方に合うものを４つの選択肢の中から選んで交流します。交流をする際には、なぜその選択肢を選んだのか、何を根拠にそう考えたのか、互いにツッコミを入れ合い、この物語をどのように受け止めたのかを話し合うことで、感じたことを、より明確にすることができるはずです。

二次

物語を読み、中心人物の変化を捉える

②場面分けを確認し、広島に行く前と広島に行った後で物語を２つに分ける。前と後で、綾の何がどう変わったかを考える。

③綾の心情が一番変化したのは、どこかを考える。

④川の描写（p111 と p118）が何を表しているかを話し合った後、「きれいな川」が、綾にとってどんな川に変わったかを考える。

三次

物語を読んで感じたことを感想文にまとめる

⑤⑥物語を読む前と読んだ後で、自分の戦争に対する見方がどのように変化したかを含めて、感じたことを感想文にまとめて、読み合う。

問答交流　「たずねびと」　◎ふせんを用いることで、より充実した交流の場を設定できるようにする

なぜ選ばなかったのかを問うことで、より明確な意見をもたせる

【ねらい】自分の感じ方に最も合うものを選ぶ活動を通して、初発の感想を交流する。

①原爆ドームの写真を提示し、知っていることを交流する

原爆ドームについて知っていることを共有した後、その原爆ドームが出てくる物語を学習することを伝え、題名読みをする。

②学習課題を提示し、自分の考えをもたせ、交流する

学習課題を提示し、教師の範読を聞いた後、4つの選択肢の中から自分の感じ方にふさわしいものを一つ選び、理由も合わせて、自分の考えをノートに書かせる。

A　温かくて明るい物語
B　温かいけど暗い物語
C　冷たいけど明るい物語
D　冷たくて暗い物語

③考えを交流し、共有する

では、考えを交流します。隣の人とペアになって行います。最初に自分の考えを伝える人は、どの選択肢を選んだのかだけを言ってください。ペアの人は、どうしてそれ以外の選択肢を選ばなかったのかを突っ込んでください。例えば、相手がAを選んだとしたら、なぜBやC、Dを選ばなかっ

POINT 1　興味・関心をひき出す内容の予想

授業の初めに、原爆ドームの写真を提示し、題名とつなぎ合わせながら内容を予想させることで、興味・関心をひきつけ、読むことへの意欲をひき出せるようにしましょう。

POINT 2　交流の活性を促すズレへの着目

AからDの選択肢の中から自分の感じ方に最も合うものはどれかを選び、その理由を考える活動を行うことで、物語から受けとった印象を共有

たのかを尋ねるということです。終わったら交代しましょう。

私はBにしました。

Bと似たような選択肢Cにしなかったのはどうして？

Cではないと思ったのは……。

では、全員終わったようなので、全体で意見交流をします。

交流場面

効果的な交流のためのポイント

ペアでの交流が終わった後、互いに面白いと感じたことや、ここがよかったと思ったことなどを付箋に書いて交換することで、より充実した交流の場を設定できるようにしましょう。

④全体で考えを共有し、本時に学習をまとめる

一通り意見の発表を終えたら、それぞれに感じ方が同じだったり異なっていたりしたことを確認した上で、次時以降につながる疑問や問題意識を共有できるようにする。

し、活発な議論をすることができます。また、同じ根拠を挙げていても違う選択肢を選んでいたり、同じ選択肢なのに、違う理由を挙げていたりする点に着目し、話し合いを整理していくと、議論の矛先を焦点化することができるでしょう。

POINT 3 次時以降につなぐ問題意識の共有

互いの感じ方に、共通点や相違点があることを確認し、これからどんなことを考えていきたいかをノートに書かせることで、次時以降につながる問題意識を引き出すことができます。

●数人で集まって自由に話し合う

相談交流

【こんな時に】考えをもてずに困っている時や、交流時間が十分に取れない時

【ねらい】短時間で取り組み方や考えを共有する

この方法は、**何人かで集まって、自由に話し合う方法**を指します。

授業の中で、提示された課題に対する考えがなかなかもてず、考えることに抵抗を感じてしまう子どもがいる場合もあるでしょう。そんな時には、この方法を用いて自由に話し合える場を用意しましょう。

5年生で学ぶ説明文教材「想像力のスイッチを入れよう」を例に、具体的に考えてみましょう。

この説明文の要旨を一文で書き表すという課題を提示したとします。要旨を捉えることができず、困ってしまう子どももいるでしょう。そのような時に、自由に話し合う場を設定し、相談する機会を用意することで、何をどのように書けばよいかを把握することができます。

また、自分の考えをもった後に、周りの友達がどんな考えをもったのかが気になる場合もあると思います。しかし、交流する時間が十分に確保できず、考えを共有する時間がもてないと、授業に歯止めがかかり、流れが停滞してしまうこともあります。その際に、パッと時間をとり、何人かで自由に交流する時間をもつことができると、**授業の流れを止めることなく、次の展開につなげることができます。**

相談交流は、何人かで集まり、自由に忌憚なく話し合うための方法なので、**授業時間や内容を圧迫することなく行うことができます**。また、こうした方法を用いて、互いの考えを率直に伝え合うことができれば、安心感と自信をもつことができます。安心感や自信をもつことができれば、全体交流をする際に、**進んで発言しようとする意欲を引き出す**こともできるはずです。

ただ一つ、注意すべき点は、**話し合う必要性を子どもたちが感じている時に設定する**ということです。必要性を感じていない状態で実施したとしても、話し合いは空回りするだけで、効果はありません。子どもたちの様子を窺い、状況を見ながら取り入れていくことが大切です。

1 困っている様子が見られる
うーん…
2 気になっている様子が見られる
スラスラー
3 何人かで集まって話し合う
4 再度自分の考えを固める

相談交流――相手：隣同士でペアをつくり、協力するように促すことで、無理なく取り組めるようにする

「やくそく」（光村図書）

全8時

ねらい

・登場人物同士のやりとりや、話の展開をつかむ中で、物語を楽しむ。
・物語の続き話や、音読劇をすることで、想像をふくらませ、物語を味わう。

●教材について

本教材は、食料を互いに取り合っていた「あおむし」たちが、大きな木の助言に促され、広い世界を知ることで、仲直りをし、約束を交わすという心温まるお話です。一年生にも読みやすく、親しみやすい内容になっているため、物語の世界に自分の身を置きながら読み味わうことができる教材です。

●本単元のねらい

本単元は、登場人物同士のやりとりや、話の展開をつかんでいく中で、「物語を読む」ということを楽しむことがねらいとして設定されています。題名や作者、登場人物といった学習用語も押さえながら、話の展開を確認することで、「あおむし」たちがどんなやりとりをして、どのような約束を交わしているのかを確認できるようにしましょう。また、本文を読み、どのような物語なのかを理解することだけに留まらず、その後の物語を想像したり、音読劇をしたりすることで、作品を味わい、楽しく読めるようにすることが大切です。

単元計画

一次

物語を読み、感じたことを伝え合う

①「やくそく」という言葉から連想するものを交流し、言葉のイメージから、物語の内容を予想する。

②物語を読み、「あおむし」たちがした約束が何だったのかを確認し、読んだ感想を交流する。

二次

物語の内容を押さえ、想像を広げて考える

③本教材に照らし合わせて題名・作者・登場人物といった学習用語を確認し、物語の内容を振り返る。

④物語の最初と最後で何が変わったのかを考える。

⑤「あおむし」たちがケンカをやめた理由を考える。

⑥物語のその後の展開を想像し、考えたことを話し合う。

本時

「あおむし」たちが交わした約束がどのように果たされたか、その後の物語の展開を考え、交流する場を設定します。相談交流を設定し、どんな続き話になるかを予想しながら自由に意見を出し合わせることで、物語をより一層味わうことができるはずです。

三次

読み取ったことをもとに、音読劇を発表する

⑦グループごとに音読劇をしたい場面を選び、練習する。

⑧音読劇を発表し、互いに感想を述べ合う。

相談交流 「やくそく」◎隣同士でペアをつくり、協力するように促すことで、無理なく取り組めるようにする

アイデアを出し合い、その後の物語を完成させる

【ねらい】読み取ったことをもとに、続き話を考え、想像を広げる。

①前時の学習内容を振り返る

前時に話し合ったことを振り返り、「あおむし」たちが、約束を交わしたことで、ケンカがなくなり、仲よくなったことを確認する。

②学習活動を示し、考えを交流する

「あおむし」たちは、その後、約束を果たすことができたかどうかを問いかけ、子どもたちから、「約束は叶ったはず！」という意見をひき出した上で、本時の学習活動を提示する。

物語の最後に、「それから なん日かたった ある日、さなぎから ちょうになった あおむしたちは おおきな木のえだで さいかいしました。」という言葉を入れて、お話の続きを考えてみましょう。これから、どんなお話にするか、ペアで話し合います。話し合いの時間が終わったら、お話の続きをノートにまとめます。ペアのうち、どちらか一人がノートに書きましょう。では、始めます。

POINT 1 本時の学習活動への意欲づけ

「あおむし」たちは約束を果たすことができたかどうかを問いかけ、実現できたはずだという発言をひき出した上で、続き話を想像する活動を提示します。子どもたちの関心を十分にひきつけた上で活動を提示することで、意欲づけを図ることができます。

POINT 2 書き出しの提示

続き話を考える活動は、子どもの実態によっては難しい

交流場面

ちょうになって出会ったから、〇〇って書いた方がいいね。
久しぶりに会ったから～という言葉を入れようか。
まだ途中かもしれませんが、一旦鉛筆を置きましょう。

効果的な交流のためのポイント

ペアで続き話の創作活動に取り組ませることで、どの子も無理なく楽しく取り組めるように場を整えましょう。また、隣同士で交流するように促すことで、移動時間を減らし、書く時間を確保することも大切です。

③続き話を全体で交流する

ノートを机上に置いて、どのような続き話を書いたかを見て回る時間をとる。読み合う時間をとったら、どの作品の、どんなところがよかったかを全体で共有する。

④本時の学習を整理し、まとめる

続き話を考えることで、物語を楽しむことができることを確認し、本時の学習をまとめる。

場合もあります。書き出しを与えて、それに続けて物語の展開を考えさせることで、無理なく活動に取り組めるようにすることが重要です。また、早めに書き終えたペアの作品をお手本として紹介するのも効果的です。

POINT 3 ノートを机上に置いた交流形式

ノートを机上に置いて交流する場を設定することで、短時間のうちに、色々な考えに触れることができます。書いた作品を互いに読み合い、考えを共有する上で、非常に効果的な手段です。

相談交流――レベル：交流レベルを設定することで、意欲的に活動に取り組むことができるように促す

「数え方を生みだそう」（東京書籍）

全7時

ねらい

・事例や主張の関係性を把握し、筆者の考えを捉える。
・自分の考えを「数え方辞典」にまとめ、言葉のもつ面白さを味わう。

●教材について

本教材は、日本語による数え方と、欧米での数え方の違いから、言葉の面白さを述べた論説型の説明文教材です。もともともっている既有知識と、書かれている事例や筆者の主張とを結びつけながら読むことで、言葉がもつ面白さを味わうことができる教材です。

●本単元のねらい

本単元は、筆者が挙げている事例や、それをもとにした主張を読み解いていく中で、自分の考えを広げることをねらいとしています。自分がもっている知識や経験、感じ方と結びつけながら読むことで、筆者が述べている考えに反応しながら読むことが必要です。身近なことでありながらも、あまり考えたことのない「数え方」という問題について考え直すことで、新たな発見を得られるというのが本教材の大きな魅力です。言葉のもつ面白さを味わいながら読み進めていけるように学習の場を工夫することが必要でしょう。

単元計画

一次

本文を読み、筆者の考えを捉える

①人参・馬・寿司の絵カードを並べて、数え方を確認した上で、題名を確認し、どのような内容が書かれているかを予想する。
②本文を読み、感じたことを「なるほど。／知らなかった！／そうかな？」の３観点で感想にまとめる。

二次

本文の書かれ方を確認し、筆者の主張を読み解く

③一番○○（前時に考えた観点の中から選ぶ）だと思ったところがどこかを考えて意見を交流した後、この説明文の面白さをまとめる。
④本文を、初め／中／終わりで分け、どのような事例を挙げながら説明しているかを確認する。
⑤事例と主張の関係について考える。 本時

筆者が最も伝えたいと思った段落・一文はどこだったのか、題名は変えるべきか・変えざるべきかを忌憚なく話し合うことができるように、相談交流を用いることで、授業を活気づけられるようにしましょう。

三次

読み取ったことをもとに、「数え方辞典」を作成する

⑥新しい数え方を考え、「数え方辞典」を作成する。
⑦互いに書き上げたものを読み合い、学級で「数え方辞典」をまとめる。

「数え方を生みだそう」◎交流レベルを設定することで、意欲的に取り組むことができるように促す

自分の考えを練り直すきっかけを得る交流を仕組む

【ねらい】筆者の主張や題名書き換えの是非を考えることで、事例と主張の関係性をつかむ。

①前時の学習内容を振り返る

前時で学習した文章構造の確認や、本文で紹介されている事例の確認をする。

②学習課題を提示し、考えをもたせて交流する

筆者が最も伝えたかった一文を選ぶとしたら、どれだと思うか、理由も合わせて考えさせる。この段階では、仮の考えとしてまとめておいてもよいことを伝える。

では、色々な人と交流します。筆者が一番伝えたいと思った一文がどれだと思ったか、話し合ってみましょう。「なるほど！」と思える考えをたくさん見つけられるとよいですね。

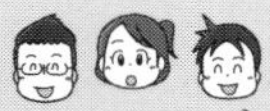

ぼくは、「～。」という一文だと思った。なぜかというと……。

なるほど！　それは確かに納得だね。

では、自分の席に戻りましょう。交流する中で考えが変わったという人は、その考えを、変わらなかった人はもともとの考えをノートに書きましょう。

POINT 1　一文に限定する

本時で示す学習課題は、筆者が最も伝えたかったと思われる一文を探し出すという課題です。一文に的を絞って考えさせるからこそ、思考の活性を促し、細かく文章を追おうとする意識が生まれます。交流場面では、考えのズレが議論を活性化させるという効果も期待できます。

POINT 2　相談を生かした考えの練り直し

自由に話し合った後に、再

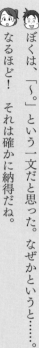

交流場面

効果的な交流のためのポイント

「なるほど!」と思える考えを3つ以上見つけられたらA、2つ見つけられたらB、1つしか見つけられなかったCというように、交流のレベルを指定し、目標を与えることで、意欲的に活動に取り組めるようにしましょう。

③全体で交流した後、思考をゆさぶる問いを投げかける

全体交流では、「大切」という言葉が含まれていることから、十一段落に書かれている「これまで受けつがれて……」が最も伝えたかった一文なのではないかという意見が挙がることが予想されるため、題名を「言葉のじゅうなんさにも目を向けよう」に変えた方がよいのではないかという問いを投げかける。

④本時の学習を整理し、まとめる

変えた方がよいかどうかを議論した上で、この題名にした筆者の意図を考え、事例と主張の関係に着目することが大切であることを確認し、本時の学習をまとめる。

度自分の考えを練り直し、ノートに書く時間を設定することで、提示された課題に対する確かな考えをもつことができます。また、友達と確認し合うことで、自信をもって自分の考えをノートに書くことができます。

POINT 3 **筆者の側からの捉え直し**

題名を変えてもよいかを考えさせる発問は、解釈が割れ、議論になることが予想されます。議論になった場合には、単なるオープンエンドで終わるのではなく、なぜその題名にしたのか、筆者の側から捉え直すことが大切です。

相談交流――相手：交流相手を指定し、班ごとに考えを交流させることで、じっくり話し合える場を設定する

「やまなし」（光村図書）

全8時

ねらい

・作品の世界を捉え、自分なりに解釈し、思ったことや感じたことを表現する。
・作品の構造や対比的な表現を押さえ、作者の考えや思いを捉える。

●教材について

本教材は、作者の造語や不可解な表現が数多く出てくる文学作品で、内容を理解するには難しい教材です。しかし、難解であるからこそ、意味を補いながら、自分なりの解釈をもって読み進められるところが、本教材の魅力であるとも言えるでしょう。また、二枚の幻灯を比較し、対比を探し出したり、作者の意図を考えたりすることで、作品をより深く読み解くことができる点も本教材の魅力です。

●本単元のねらい

本単元は、作品を自分なりに捉え、感じたことや考えたことを自分の言葉で表現することをねらいとしています。よく分からない表現や、物語の展開を自分なりに解釈し、それをクラス全体で共有する中で、「やまなし」という文学作品がもつ特徴や魅力を紐解いていけるようにしましょう。また、「イーハトーヴの夢」と合わせて読むことで、宮沢賢治という作者像を捉え、「やまなし」とつなげて考えることも大切にしたいところです。

単元計画

一次

本文を読み、感じたことを交流する

①本文を読み、疑問に感じたことを話し合う。

二次

考えたことを交流し、自分なりの解釈をもつ

②クラムボンの正体が何であるかを考える。A：小生物説／B：光説／C：泡説／D：その他の中からふさわしいと思うものを選ぶ。

③五月の幻灯と十二月の幻灯のどちらが心に残ったかを考えた後、対比的な表現に着目する。

④それぞれの幻灯に題名をつけるとしたら、どのような題名をつけるかを考え、それぞれの幻灯が象徴するものを考える。 **本時**

それぞれの幻灯が何を象徴しているのかを考えるのは、非常に抽象度が高いため、難しく感じる児童もいるでしょう。相談交流を用いて、無理なく話し合える場を用意することが大切です。

⑤作者がメッセージを込めた幻灯は、A：五月／B：十二月／C：五月と十二月のうち、どれかを選び、主題について話し合う。

⑥「イーハトーヴの夢」を読み、感じたことを交流する。

三次

考えたことや読み取ったことをもとに表現する

⑦作品／作者研究レポートのどちらかを選んで、取り組む。

⑧書き上げたレポートを読み合い、感想を共有する。

相談交流 「やまなし」◎交流相手を指定し、班ごとに考えを交流させることで、じっくり話し合える場を設定する

難しい課題について、率直に話し合う

【ねらい】それぞれの幻灯に合う題名を考え、交流する中で、幻灯が象徴するものが何かを話し合う。

①前時で確認した内容を振り返る

前時の授業で学習した対比的な表現を振り返り、五月と十二月の幻灯にどのような対比の関係があったのかを振り返る。

②学習課題を提示し、考えをもたせる

前時で確認した対比関係をもとに、五月と十二月の幻灯それぞれに題名をつけるとしたら、どのような題名をつけるかを考え、理由も合わせてノートに書かせる。

③考えを交流する

では、これから全体で意見交流をします。五月の幻灯につけた題名とその理由、十二月の幻灯につけた題名とその理由を発表しましょう。

五月の幻灯には、「恐ろしい自然」という題名をつけました。理由は……。十二月の幻灯には、「豊かな自然」という題名をつけました。理由は……。

五月の幻灯と十二月の幻灯、それぞれ色々な題名が出揃いましたが、五月の幻灯と十二月の幻灯、それぞれが表現しているものは何だと思います

POINT 1 自分の言葉で表現

前時では、五月と十二月の幻灯に、どのような対比的な表現があるかを考える活動を行っています。前時で確認したことを振り返りながら、題名を考えることで、それぞれの幻灯の特徴を踏まえながら、自分の言葉で表現できるように促しましょう。

POINT 2 題名をヒントにした相談交流

それぞれの幻灯が何を表しているのかを考える際には、

交流場面

か。これから5分ほど時間をとります。班で集まり、それぞれの幻灯が何を表しているか、話し合いましょう。

五月は、「自然の怖さ」かなぁ。

だとすると、十二月は、「自然の豊かさ」とか？

効果的な交流のためのポイント

交流する相手を指定し、班内で話し合わせることで、じっくりと考えられるようにしましょう。また、黒板に並んでいる題名をヒントに相談するように促すのも効果的です。

④話し合ったことを共有する

各班で話し合ったことを全体で共有した後、五月の幻灯と十二月の幻灯それぞれについて、すべての班に共通していた考えが何だったかを話し合う。

⑤本時の学習を整理し、まとめる

それぞれの幻灯が表しているものを「象徴」という言葉で表現できることを伝え、本時の学習をまとめる。

前段の活動で考えた題名がヒントになります。相談交流を行う際には、黒板に書き出された題名をヒントにしながら考えるように促すことで、無理なく考えることができます。

POINT 3 学習用語への収束

五月の幻灯が表しているものや、十二月の幻灯が表しているものが何かを見つけ出す話し合いを単なるオープンエンドで終えるのではなく、「象徴」という学習用語を提示して話し合いの内容を整理し、収束させることが大切です。

相談交流――人数：集まる人数の目安を伝えて、短時間で効果的な交流ができるように促す

「『鳥獣戯画』を読む」（光村図書）

全5時

ねらい

・事実と意見を区別しながら筆者の主張を捉え、それに対する自分の考えをもつ。
・筆者のものの見方や考え方、表現の工夫を捉え、書く活動に生かせるようにする。

●教材について

本教材は、体言止めなどの技法を用いながら筆者の『鳥獣戯画』に対する独自の解釈が示されており、『鳥獣戯画』という作品がなぜ国宝に選ばれているのか、どうして素晴らしい絵巻物として評価されているかについての見解が述べられています。

●本単元のねらい

本単元は、筆者の主張をつかんだり、表現の工夫を読んだりしたことを、書く活動に生かして、自分でも使えるようにすることをねらいとしています。本教材を読み解く上では、筆者の見方や考え方に共感したり、納得したり、反応したりしながら読むことが大切です。筆者が提示する『鳥獣戯画』の捉え方を鵜呑みにするのではなく、「本当にそうだと言えるのかな？」「確かにそうだ！」というように、筆者の考えに反応しながら読めるように学習の場を整えることが大切です。そうした学習を積み上げていくことで、よりよい情報の受け手として成長できるように促していきましょう。

単元計画

一次

自分の解釈と筆者の考えを比べる

①『鳥獣戯画』の掲示用コピーと題名を提示し、「『鳥獣戯画』を読む」という題名がつけられている理由について考えた後、『鳥獣戯画』を自分なりの捉え方で物語に書き起こす。

②本文を読み、納得度を４段階で表現する。

二次

本文を読み、筆者の主張や工夫を捉える

③本文を読んで共感できるポイントと共感できないポイントを考えた後、「人類の宝」という表現について考える。

本時

共感できるところと共感できないところ、それぞれにサイドラインを引いた後、選んだ理由を交流します。交流する際には、相談交流を用いて自由に話し合い、考えを共有するのがよいでしょう。相談交流で考えを交流する際には、どこが一番共感できたか、あるいは共感できなかったかを話し合うように話題を設定すると効果的です。

④筆者の表現の工夫について考える。

三次

考えたことをもとに、自分が感じたことを手紙にまとめる

⑤筆者の表現の工夫でよかったところがどこだったかを挙げながら、筆者に向けての手紙を書く。

相談交流 『鳥獣戯画』を読む」 ◎集まる人数の目安を伝えて、短時間で効果的な交流ができるように促す

視点を絞って話し合い、全体交流につながる考えを引き出す

【ねらい】 共感できたところや共感できなかったところを話し合う中で、筆者に対する自分の考えをもつ。

①前時の学習内容を振り返る

前時で話し合ったことを振り返り、学習したことを共有する。

②学習課題を提示し、考えをもたせて交流する

筆者の考えに共感できる「共感ポイント」と、共感できない「非共感ポイント」を、それぞれ赤鉛筆と青鉛筆を使ってサイドラインを引くことを伝え、黙読しながら取り組むように促す。

これから交流の時間をとります。3人から5人で集まり、どんなところが共感できたか、あるいは共感できなかったか、考えを交流しましょう。交流する際には、一番共感できたところ、あるいは共感できなかったところがどこだったかも確認しましょう。それでは始めます。

私が一番共感したところは○○で、一番共感できなかったところは□□だったな。

一番共感できなかったところは自分も一緒だったよ。

POINT 1 具体的な説明と指示

具体的な説明がないままに指示しても、どのように取り組めばよいか分かりません。共感できたところには赤鉛筆で、共感できなかったところには青鉛筆でサイドラインを引くように具体的に指示を出すことで、全員が活動に取り組むことができるでしょう。

POINT 2 交流の視点を設ける

ただ単に考えたことを話し

交流場面

では、席に戻ります。共感ポイントと非共感ポイントを全体で交流します。

効果的な交流のためのポイント

集まる人数の目安を3人から5人と伝えて、パッと集まって話すように指示することで、緊張感をもちながら短時間で集中的に話し合うことができるようにしましょう。

③全体交流の過程で、話し合いを焦点化する

全体交流をする中で、おそらく、一番共感できないところとして「人類の宝」という表現が挙がることが予想される。そうした考えが出てきた時に、そこに焦点を絞り、なぜそのような表現が用いられているか、筆者の意図や考えを探るようにする。

④本時の学習を整理し、まとめる

説明文には、筆者の思いや書き方の工夫、意図があることを確認し、本時の学習を通して話し合ったことをまとめる。

合うのではなく、「一番」はどこだったかを話し合うように視点を与えることで、その後の全体交流につながる考えを引き出すことができます。また、話し合いの場を活気づける上でも有効な手立てです。

POINT 3 筆者の側からの捉え直し

共感できなかったところを交流する際には、筆者の考えをただ批判するのではなく、どうしてそのような表現をしたのか、なぜそのような言葉を用いて述べているのか、筆者の側から考える場を設定することが大切です。

おわりに

かつて担任を受けもった5年生の子が、一年間を終えた時に、次のようなメッセージカードを書き送ってくれました。

「ぼくは、三浦先生のおかげで進んで手を挙げられるようになりました。いつも楽しく授業をしてくれたことで、ぼくもだんだん楽しくなっていき、今では自分から進んで発表できるようになりました。」

このメッセージをくれた子は、引っ込み思案で、自分の意見を発表することが苦手なタイプでした。しかし、一年を通して交流の機会を数多く設定し、試行錯誤しながら国語授業を積み重ねていく中で、考えることや学ぶことの楽しさを知り、次第に自信をもって発言することができるようになっていきました。

私が本書で目指しているのは、この子のように、他者との意見交流を楽しみながら、「ぼくは、こう思う！」「私は、こう考える！」と、自信をもって自分の考えを表現できる子どもを育てることです。本書で紹介している6つの方法は、どれも思考の活性を促し、友達と意見を交わすことの楽しさを味わえるように編み出した方法です。しかし、一人一人が自分の考えに自信をもち、進んで発表できるようになること、つまり、その子にとっての「成長」が、最終的な目標です。

どうか、本書で提案している「フリー交流」が、多くの先生方や子どもたちにとって価値ある方法となることを願っています。

本書は、「日本の教育を変える」という気概のもと、刊行した一冊です。自身の考えや実践をまとめ、提案する機会を与えてくださった筑波大学附属小学校の桂聖先生に、心から感謝申し上げる次第です。こうして教育を革新する提案に関われたことを、何より嬉しく思っております。本当にありがとうございます。

また、私を育て、励ましてくださる先生方にも心から感謝申し上げます。なかでも、「東京・国語教育探究の会」の代表として、若手の多い会をまとめ、牽引してくださっている石丸憲一先生には、感謝の思いが絶えません。いつもありがとうございます。

そしてもう一人、本書の刊行を報告したかった人がいます。今は亡き恩師・長崎伸仁先生です。私は、長崎先生のもとで仲間たちと共に誓い合った「日本の教育を変える！」という強い意志を、これから先も絶対に忘れることなく、精進して参る決意です。どうか、これから先もずっと見守っていてください。

最後に、東洋館出版社の刑部愛香様をはじめ、本書の刊行に携わってくださった皆様への感謝の思いを述べさせて頂きます。特に、企画から刊行までサポートしてくださった刑部さんには、言に尽くせぬ感謝の気持ちでいっぱいです。本書は、刑部さんの細やかなアドバイスなくして実現し得ませんでした。ここに記して感謝申し上げます。本当にありがとうございました。

三浦　剛

参考文献一覧

●小松善之助（1976）『国語の授業組織論』一光社
●吉本均（1983）『授業の構想力』明治図書出版
●西郷竹彦（1985）『説明文の授業（理論と方法）』明治図書出版
●吉本均（1985）『授業成立入門―教室にドラマを！―』明治図書出版
●吉本均（1987）『授業の原則―「呼応のドラマ」をつくる―』明治図書出版
●西郷竹彦（1989）『文芸研　国語教育事典』明治図書出版
●長崎伸仁（1992）『説明的文章の読みの系統：何を・いつ・どう指導すればいいのか』素人社
●長崎伸仁（1997）『新しく拓く説明的文章の授業』明治図書出版
●井上尚美（2005）『国語教師の力量を高める―発問・評価・文章分析の基礎―』明治図書出版
●白石範孝（2011）『白石範孝の国語授業の教科書』東洋館出版社
●桂聖（2011）『国語授業のユニバーサルデザイン』東洋館出版社
●堀裕嗣（2012）『一斉授業10の原理・100の原則―授業力向上のための110のメソッド』学事出版
●堀裕嗣（2012）『教室ファシリテーション　10のアイテム・100のステップ―授業への参加意欲が劇的に高まる110のメソッド―』学事出版
●白石範孝（2013）『白石範孝の国語授業の技術』東洋館出版社
●桂聖・授業のユニバーサルデザイン沖縄支部（2013）『教材に「しかけ」をつくる国語授業10の方法　説

明文アイデア50』東洋館出版社
●桂聖・授業のユニバーサルデザイン沖縄支部（２０１３）『教材に「しかけ」をつくる国語授業10の方法　文学アイデア50』東洋館出版社
●日本国語教育学会監修・福永睦子他（２０１５）『交流―広げる・深める・高める―』東洋館出版社
●吉川芳則（２０１５）『授業づくり、学級づくりの勘どころ』三省堂
●堀裕嗣（２０１６）『国語科授業づくり10の原則・１００の言語技術　義務教育で培う国語学力』明治図書出版
●筑波大学附属小学校国語教育研究部（２０１６）『筑波発　読みの系統指導で読む力を育てる』東洋館出版社
●長崎伸仁・桂聖（２０１６）『文学の教材研究コーチング』東洋館出版社
●長崎伸仁・坂元裕人・大島光（２０１６）『「判断」をうながす文学の授業　気持ちを直接問わない授業展開』三省堂
●中洌正堯監修・長崎伸仁・三津村正和・正木友則（２０１７）『アクティブ・ラーニングで授業を変える！「判断のしかけ」を取り入れた小学校国語科の学習課題48』明治図書出版
●吉川芳則（２０１７）『論理的思考力を育てる！批判的読み（クリティカル・リーディング）の授業づくり―説明的文章の指導が変わる理論と方法―』明治図書出版
●大内善一（２０１８）『修辞的思考を陶冶する教材開発』溪水社
●髙橋達哉・三浦剛（２０１８）『「読むこと」の授業が10倍面白くなる！国語教師のための読解ツール10＆24の指導アイデア』明治図書出版

著者紹介

三浦　剛

（みうら・つよし）　（2021年2月現在）

1986 年生まれ。東京都・町田市立鶴間小学校教諭。創価大学大学院教職研究科教職専攻修了後、八王子市立加住小中学校教諭を経て現職。全国国語授業研究会監事。東京・国語教育探究の会事務局。日本授業 UD 学会会員。

著書に『「読むこと」の授業が 10 倍楽しくなる！　国語教師のための読解ツール 10 & 24 の指導アイデア』(共著・明治図書出版)、『「めあて」と「まとめ」の授業が変わる「Which 型課題」の国語授業』（分担執筆・東洋館出版社）などがある。

国語授業イノベーションシリーズ

「日本の教育を変える」という志のもと、
筑波大学附属小学校教諭・桂 聖が中心になって企画するシリーズ。
『「めあて」と「まとめ」の授業が変わる「Which 型課題」の国語授業』(桂聖編著・N5 国語授業研究会著、東洋館出版社)を原点の本とし、1人1人の実践者・研究者が国語授業をよりよくするための理論や方法を提案する。

国語授業イノベーションシリーズ
自ら動いて読みを深める フリー交流 6つのバリエーション

2021(令和3)年3月12日 初版第1刷発行

著 者 三浦 剛
発行者 錦織圭之介
発行所 株式会社東洋館出版社
〒113-0021 東京都文京区本駒込5丁目16番7号
営業部 電話 03-3823-9206 FAX03-3823-9208
編集部 電話 03-3823-9207 FAX03-3823-9209
振替 00180-7-96823
URL http://www.toyokan.co.jp

[装幀・本文デザイン] 中濱健治
[印刷・製本] 藤原印刷株式会社

ISBN978-4-491-04355-5 Printed in Japan